孙晓峰　王似保◎著

# 皖江城市带
## 高职院校教学资源
## 跨校整合优化研究

合肥工业大学出版社

# 内容简介

　　本书是在帕累托改进理论视角下对皖江城市带高职院校教学资源跨校整合优化开展的研究，是2013年安徽省高等教育振兴计划重大教学改革项目《帕累托改进理论视角下皖江城市带高职院校教学资源跨校整合优化研究》（编号：2013zdjy161）的研究成果。

　　本书从皖江城市带教学资源现状出发，以安庆职业技术学院与皖江城市带部分高职院校整合优化教学资源的研究为基础，运用文献资料法、对比分析法、实地调查与典型案例分析法剖析皖江城市带教学资源现状及跨校整合优化的现状及存在的问题，系统分析皖江城市带高职院校跨校教学资源整合优化中各利益相关者的驱动力，运用帕累托改进理论的原理，借鉴国内外同类院校教学资源整合优化的成功经验，提出皖江城市带高职院校教学资源跨校整合优化的策略措施及机制创新。

　　本书以"互惠互利、优势互补、共同发展"为理念，通过有效途径，建立皖江城市带高职院校教学资源跨校整合优化的模式；整合区内教学资源，使教学资源利用更加科学，办学条件更加完善，教育质量更加优良，教育结构更加合理；全面推进区域高职教育，从而构建起与皖江城市带经济社会发展相适应的高职教育集群，真正达成充分利用教学资源、避免重复建设、优势互补、提高教学质量、培养合格高职人才的目标，为发展高职教育做出最大贡献。

# 目　录

# 第一章 导 论

## 第一节 研究背景及目的

### 一、研究背景

自 20 世纪 80 年代以来，我国高职教育已经走过了 30 多年的发展历程。特别是进入 21 世纪，我国高职教育进入了蓬勃发展的历史新阶段。目前，高职教育已经成为实施科教兴国战略和人才强国战略、培养高级专门人才、有效提高国民素质的关键环节。近年来，随着经济的发展，中国将成为世界最大的制造业中心，而人才紧缺是不争的事实，培养人才靠教育，培养制造业应用型人才主要靠高职教育。毋庸置疑，近几年我国高职教育发展迅猛，形势喜人，但高职教育繁荣表象的背后，是一些地方高职院校的盲目扩张及大量重复建设，资源分布极不平衡，这直接困扰高职教育的健康有序发展，必须引起各方高度的关注。因此，如何通过高职教学资源的优化整合来推进高职教育发展就显得尤为重要。

**1. 国家重大发展战略的要求**

2010年1月12日，国务院正式批复《皖江城市带承接产业转移示范区规划》，将安徽沿江城市带承接产业转移示范区建设纳入国家发展战略，确立了以长江一线为"发展轴"、合肥和芜湖为"双核"、滁州和宣城为"两翼"的"一轴双核两翼"产业布局，大力振兴发展装备制造业、原材料产业、轻纺产业以及现代服务业和现代农业，着力培育高技术产业，构建具有较强竞争力的现代产业体系（如图1-1所示）。这一重大发展战略对这一地区高职教育发展提出了更高的要求，需要培养更多生产、建设、管理、服务第一线的高素质技能型专门人才。因此，整合优化教学资源，使区内高校抱团发展，共同服务皖江城市带，迫在眉睫。

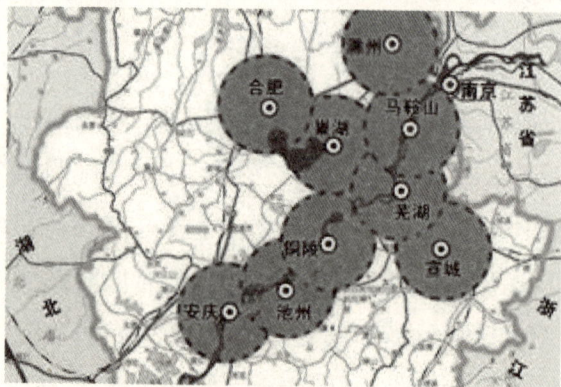

图1-1 皖江城市带范围

**2. 区内高职院校发展不平衡，地域、行业差异大**

在国家政策的大力扶持下，我省高等职业教育近年来实现了跨越式发展，然而发展是不平衡的，特别是皖江城市带，这里聚集了58所高职院校，各校在整体办学条件、资金投入、教学基本建设和师资力量、实习实训条件、毕业生就业等方面均存在较大差距，严重制约着高职院校在促进这一地区社会经济发展方面所发挥的作用。由于我国传统教学管理体制的影响，大学内部的条块分割、部门所有、自成体系的观念和体制导致在不同的学校或一所学校的不同系部、专业之间资源割据，学科建设和科研资源不能有效地转化为教学资源，资源共享难于实现。资源利用的"木桶现象"一定程度上造成了教学资源的浪费。因此，区内高职院校必须相互学习、借鉴先进的办学理念、办学思路、办学模式、办学经验，避免实训实验基地重复建设，设备利用率不高等问题，以期实现跨越式发展。这使得区内高职院校跨校整合优化教学资源变得非常必要。

3. 区内高职院校内在需求的推动

区内高职院校由于所处地域和各地经济文化及行业差异，长期以来形成了有较大差异的各自资源优势，凸显了教学资源整合的必要性，各院校的优质教育资源为实施资源共享奠定了物质基础。跨校整合优化教学资源是区内高职院校发展的内在需求，一方面，一些高职院校办学历史悠久，部分专业具有较强的师资力量和较好的品牌声誉，教学软资源优势明显，而一些院校教学硬件资源优越，但办学时间短，没有形成专业特色或拥有品牌专业，各院校可以进行跨校整合优化，相互取长补短，为其他院校的同类专业提供优良服务；另一方面，对于一些非示范高职院校而言，受各方面条件所限，仅靠自身的力量很难实现跨越式发展。通过与区内其他高职院校合作，整合优化教学资源，可以极大地增强区内高职院校的办学活力，拓展一些高职院校的生存渠道，优化高职院校的改革思路，获得更多高职教育资源。此外，我省与全国其他很多地区一样，高中段生源在 2008 年已达到最高值，2011 年后高考生源开始减少，2013 年生源更是大幅度下滑，大学适龄人口（18～22 岁）比 2008 年减少 50％左右，2014 年到 2016 年进一步下滑。面对严峻的生源竞争甚至是生存竞争的挑战，各院校尽早开展多途径、多模式的合作，整合优化资源，提高教学质量，打造高职品牌，不失为应对挑战的良策。

4. 区内高职院校教学资源短缺与利用率低之间的矛盾要求

近年来，国家、省、市以及社会各方对高等职业教育的投入不断增大，但教学资源仍然相对匮乏。目前，我国已经建成了世界上规模最大的职业教育体系，共有职业院校 13300 多所，在校生近 3000 万人，每年毕业生近 1000 万人，累计培训各类从业人员 2 亿多人次。职业教育是我国教育体系的重要组成部分，是解决企业技工荒的重要手段。按照国务院要求，到 2020 年，我国职业教育总市场规模将达到 1.24 万亿元，将形成具有中国特色、世界水平的现代职业教育体系，高等职业教育规模占高等教育一半以上。我国职业教育规模居于世界首位，但教育投入却居于倒数的行列。我国的高等职业教育已经步入了大众化阶段，要支撑如此庞大的教育规模，需要耗费大量的人力、财力和物力等教学资源。皖江城市带高职院校近年发展迅速，但投入仍显不足，一些非省会高职院校由于地方经济发展相对落后，地方财政对职业教育投入能力有限，仅能维持正常运转，无力改善办学条件，教学资源相对缺乏。

区内高职院校普遍存在着诸如师生比偏高、教学设施闲置、院校和专业重复建设、不符合社会发展需要的专业和课程依然存在等教学资源浪费现象，教师队伍结构不合理，文化基础课教师多，专业技术课教师紧缺，"双师型"教师数量尤为不足，仅占职业教育教师总数的25.2%。教学资源利用率的低下，使得本来已经捉襟见肘的教育经费得不到合理有效的利用，降低了教学资源的使用效率，形成隐性的资源浪费。从高校教学资源的管理现状看，资源的长期不合理配置造成了教学资源的严重浪费，极大地制约着教学资源使用效率的提高，其与教学资源的短缺、教育投入的不足形成了不可调和的矛盾。受经济实力的制约，单个高职院校很难在短时间内改变教学资源的总量，所以优化整合高职院校的有限教学资源，提高资源使用效率和资源配置的合理性已成为十分紧迫的现实问题。

## 二、研究目的

本书以安庆职业技术学院与皖江城市带部分高职院校整合优化教学资源的研究为基础，结合国内其他兄弟高职院校教学资源整合优化的实践，以"互惠互利、优势互补、共同发展"为理念，通过有效途径，建立皖江城市带高职院校教学资源跨校整合优化的模式；整合区内教学资源，使其利用更加科学，办学条件更加完善，教育质量更加优良，教育结构更加合理，全区高职教育全面推进，从而构建起与皖江城市带经济社会发展相适应的高职教育集群，真正达成充分利用教学资源、避免重复建设、优势互补、提高教学质量、培养合格高职人才的目标，为发展高职教育做出最大贡献。

## 第二节　研究意义

本书从皖江城市带高职院校教学资源现状调查分析入手，以帕累托改进理论为依据，通过系统分析研究，构建区内高职院校教学资源跨校整合优化的模式；通过对整合优化，资源共享，相互合作等互惠互利的方式进行理论探索，为战略规划区高职院校合作共赢、实现共同发展提供有益的借鉴和引导，同时可以极大丰富高职院校教学资源整合优化的理论体系。

不仅如此，开展对皖江城市带高职院校教学资源整合优化的研究有极其重大的现实需求和意义。

第一，有利于皖江城市带高职院校取得共赢。皖江城市带高职院校管理体制不同，教学资源配置不平衡，打破校际界限，充分发挥教学资源的整体效益，有利于我省高等教育的整体发展。跨校整合教学资源，实现资源共享可以提高资源利用率，改变一些院校长期存在实验室、仪器设备闲置的状况，同时可以避免部分院校低水平的重复建设。充分整合优化区内院校软硬件教学资源，最大限度发挥资源共享的作用，必将有效提高皖江城市带高职院校的办学效益。

第二，有利于皖江城市带高职院校的可持续发展。在教育大众化背景下，皖江城市带高职院校通过进一步整合和提升，有效地拓宽了高校发展空间，优化了教学资源发展环境，促进了资源共享和办学效益的提高，有利于形成规模效益。同时，区内高职院校资源的整合优化是增强核心竞争力、应对生源下降所带来的不利影响的有力举措，有利于高职院校的可持续发展。

第三，有利于解决教育资源严重不足又严重浪费的弊端。由于安徽省各级办学主体对高职教育投入总体不足，加之高职院校自身发展迅速、高职教育运行成本较高等客观原因，办学经费短缺，尤其是实训教学经费严重不足已成为高职院校普遍存在的问题。一方面，区内部分高职院校教学资源缺乏，且分布不均；另一方面，一些高职院校的教学设备常年开机时数少，设备利用率低，导致投资效益不高、资源浪费。整合教学资源，建立区内高职院校优质资源共享体系，可以以最少的投入实现资源效益的最优化，减少院校教育资源的总投入，解决因教育总体投入不足或学院专业发展不均衡而引起的资源短缺及资源浪费的问题，使区内各高校的人力、物力资源得以合理利用，避免重复投资，缓解教育资源不足的现状。

第四，有利于提高学生的学习效果，增强学生的学习兴趣。区内院校整合教学资源，充分发挥软件资源优势，能有效发挥名校、名师、名课优势，提高学生素质、能力。学生有机会走出校门，进入不同的院校学习，感受不同的学术氛围，聆听高水平专家、教师的教诲，能有效提高自身的素质、能力；同时扩大了自身跨学科、跨校学习的范围，能够按照个人能力选择学习内容，优化知识结构。学生也可以感受不同的校园文化，扩大眼界，拓展知识面，从而提高创新思维能力和市场竞争力。这些措施必将提升高职院校整体的教育教学质量。

第五，有利于促进校际合作交流，增强核心竞争力。区内高职院校整合优化教学资源，实施优质教学资源共享能够促进院校间教学管理方面的合作，使区内院校的教学管理部门在人才培养方案制订、课程设置、选课形式等方面进行多角度研究与协商；通过对院校的人才培养方案、课程指标体系等具有可参照性的教学文件进行对比分析，克服院校在教学管理工作上的盲目性和偶然性。各院校的学生管理工作部门在充分发挥本校管理工作优势的同时，探索和制定新的学生管理办法，使学生管理工作既有章可循又有的放矢。同时，整合优化教学资源还可为不同院校教师构筑相互观摩的平台和竞争的场所，使所有院校教师的学术水平得到整体提升，从而增强高职院校核心竞争力。

## 第三节　本研究涉及的主要概念

### 一、教学资源释义

对于教学资源的含义，学术界有不同的理解，但其基本释义并无多大区别。宋华明、范先佐在《高校教育资源优化与办学经济效益》中指出"教学资源是一个具有特定内涵的范畴，是高校教学活动得以高效率运行的各类资源的总和，既包括人力、财力、物力等有形资源（或硬资源），也包括信息资源、市场资源、学科与专业资源、声望资源、政策资源与经验资源等无形资源

（或软资源）"。王东梅在其硕士论文《大学教学资源优化整合研究》一文中指出，教学资源按类型划分，一般包括人力资源、课程资源、设施与环境资源、实践资源以及制度资源；按照存在状态划分，可分为直接应用于教学过程的资源与通过整合才能应用于教学过程的潜在教学资源。教学资源是直接或间接为学校教学过程所需要，构成教学要素的、稀缺性的、具有一定可选择性的资源。

本书所述高职院校教学资源是指那些可以提供给学习者使用，能帮助和促进学习的信息、技术和环境，通常包括教材、案例、影视、图片、课件等，也包括教师资源、教具、基础设施、实训基地、教育政策等内容，可以理解为一切可以应用于教育教学的物质条件、自然条件、社会条件以及媒体条件，是教学材料与信息的来源。面对教学资源稀缺、各高职院校教学资源分布不均、高职教育规模扩大对教学资源需求增加等问题，对教学资源的利用效率和效果、教学资源的整合优化等研究都迫在眉睫。

## 二、教学资源整合优化

教学资源整合优化，就是指在现代教育科学理论指导下，通过对实现人才培养目标的各种教学因素进行全方位、多层次、系统性整合，并在此基础上构建一个立体化、科学完整、动态高效的教学活动体系。这是根据高职院校的发展规划和学生的需求对相关资源进行重新配置，并寻求资源配置与社会对人才培养质量要求的最佳结合点，其目的就是要通过管理运作协调和组织制度调整来提高教学资源的效率，提高人才的培养质量。教学资源整合优化的基本思路就是将教学资源视为一个系统，对系统各要素进行加工与重组，使之相互联系、相互渗透，形成合理的结构，实现整体优化，协调发展，发挥整体最大功能，实现整体最大效益。

高职院校对现有的教学资源进行优化整合，盘活现有教学资源的存量，解决教学资源的闲置浪费问题，发挥现有教学资源的效益，实现对现有存量资源的二次开发并提高其使用效率，也是高职院校内涵式发展的主要方面。高职教学资源问题不仅是一个理论问题，更是一个实践问题。从根本意义上来说，高职教学资源优化整合的根本目的就是要达到人尽其才、物尽其用。通过组织、协调和重组，把学校内部彼此相关却分离的教学资源，把学校外部既拥有共同的使命又相对独立的资源整合成一个为人才培养服务的系统，起到"1＋1＞2"的效果，属于系统论的思维方式。

### 三、教学资源配置

微观经济学认为，资源配置是指一定量的资源按某种规则分配到不同的产品的生产中，以满足不同的需要。教学资源配置是指全社会（包括政府、社会部门、企业、家庭及个人）对高校投入的人力、物力、财力在各种不同使用方向上的分配，使得高校所培养的人才能最大限度上满足人的发展和经济、社会发展的需要。按照教学资源配置主体和影响范围不同，可分为两个层次：宏观层次的教学资源配置是指总体的教学资源如何合理分配，使之流向最适宜、最需要的区域和高校，它追求教学资源投入的最佳社会、经济效益，通过改革高等教育管理体制、调整高等学校的数量和布局、调控高等教育市场、拓宽教育投资渠道等来达到；微观层次的教学资源配置是指在资源既定的条件下，高校自身如何通过扩大办学规模、调整学科结构、提高管理效能、更新教育内容、提高设备利用率等培养出数量多、质量高、结构合理的人才，以取得资源利用的最大效益。这两个层次的配置既相互影响又相互制约。由于教学资源的总量一定，如果出现分配不公，势必会降低高校的资源利用效率，亦会使教学资源因低效而浪费。如果高校通过体制改革、互利互惠、资源共享等途径在现有基础上提高各高校资源利用率，有利于在内涵上增加教学资源的总量，从而有助于教学资源配置的合理化。

## 第四节　研究现状及述评

在国内高校图书馆常用的几大数据库里，笔者检索到目前学术界关于高职院校教学资源整合优化问题研究著述颇多，归纳起来主要包括以下几方面的研究内容：

### 一、高职院校教学资源校内整合优化

郑宝昆在《中国科教导刊》（2010.2）发表的《高职院校教学资源整合研究》一文，从高职院校教学资源现状分析入手，认为系统设计高职院校教学资源的整合优化方案，是提高高职院校教学资源使用效率以及发展高职教育的重要手段。李传双在《高

职院校教学资源整合初探》一文中认为大力进行教学资源的整合与优化，对维护学校品牌，获得办学效益和形成独有特色的办学目标具有重大意义，应因地制宜、因时制宜、精心设计、务求实用，通过资源整合降低教学成本，避免资源浪费，提高办学质量。李胜明的《高职院校实践教学资源优化整合及管理的探讨》则侧重合理配置实践教学资源，整合与优化现有校内实践教学资源。杨维娟的《高职院校教学资源共享现状问题分析》（《现代企业教育》2012.12）孙仕云的《高职院校共享型教学资源建设研究》（《管理学家》2013.3）都对高职院校教学资源校内整合优化提出了一些建设性的对策。

## 二、区域高职院校教学资源校际整合优化

杨善江在《职教论坛》（2012.12）上发表的《动力机制：高职园区优质教学资源共享运行的"发动机"——以常州高职教育园区为例》一文指出，优质教学资源共享的关键是创新运行机制和合作机制，核心是强化动力机制。园区高职院校教学资源共享合作的动力源主要来自学校、企业、政府、学生四大方面。通过政策保障机制、组织领导与协调机制、利益平衡与补偿机制、评估激励机制"四大机制"，实现优质教学资源真正共享。陆颖在《区域高职院校教学资源共享问题研究》中以对咸阳市公办高职院校现状进行分析为基础，探索了区域内高职院校教学资源共享的若干问题，提出了加强区域内高职院校教学资源共享的建议。沙茜的《海河教育园区高职院校教学资源共享研究》认为海河教育园区的建立为改革教育教学机制、促进教学资源共享提供了有

效的途径，对影响海河教育园区教学资源共享因素的分析，提出了转变传统办学观念，明确教学资源共享的指导思想，树立开放、合作、共赢的办学新理念以及提高资源共享意识，提升资源共享动力的发展策略。邱爱兵的《长沙市省属公办高职院校教学资源合作模式研究》（《职教论坛》2012.2）针对高考生源持续下降的招生形势，重点讨论长沙市省属公办高职院校教学资源共享与合作的主要形式、主要内容和运行机制，对保证各高职院校有序健康发展，提高教学质量有着重大现实意义。祝西莹、陆颖的《推进咸阳市高职院校教育资源共享的策略研究》（《教育与职业》2010.9）对咸阳市 7 所独立高职院校教育资源的相关数据进行了分析，指出其在办学过程中出现的发展水平不一致、设备利用率不高、师资队伍结构不合理等问题，探讨了实施资源共享的必要性及可行性，并提出了学分互认、教师互聘、资源信息平台共建等资源共享的具体措施。

### 三、高职院校教学资源跨区域跨校整合优化

施泽波、崔永华、徐胤莉在《论东西部高职院校的多元合作与长效机制》（《高职教育》2011.4）一文中分析了东西部高职院校合作办学的动因，以南京信息职业技术学院和乐山职业技术学院合作办学为案例，探讨了双方发挥各自优势、实现专业建设、联合招生、共同培养等多元合作模式，整合优化各种教学资源。谢肖力的《东西部高职院校"2＋1"合作办学模式的探索与实践》（《中国大学教育》2010.8）阐述了温州职业技术学院和重庆工贸职业技术学院整合优化教学资源，实施"2＋1"合作办学的

实践经验，对存在问题进行分析，从调整培养模式、健全管理机制、完善就业服务体系等角度提出思考和建议。

近年来，国家为发展经济，提出了诸如中部崛起、皖江城市带承接产业转移示范区等国家层面重大战略发展规划。皖江城市带承接产业转移示范区拥有安徽 74 所高职院校中的 58 所，比例高达 75％。然而这些高职院校发展不平衡，地域、行业间差异大。各高职院校在整体办学条件、资金投入、教学基本建设和师资力量、实习实训条件、毕业生就业等方面均存在较明显的差距，这些因素都严重制约着高职教育事业的整体发展。高职院校肩负着为地方经济发展培养合格的应用型人才的重任。为更好地服务于皖江城市带承接产业转移示范区建设，实现跨越式发展，区内高职院校必须互相学习借鉴优秀高职院校先进的办学理念、办学思路、办学模式、办学经验，整合优化共享教学资源。从目前公开的研究资料看，国内学者对于这些战略规划区内高职院校教学资源整合优化的研究较少。因此，本书以皖江城市带高职院校为参照，研究其教学资源跨校整合优化、资源共享，这对于大力发展高职教育、提升高职院校服务地方经济的能力意义极大。

## 第五节　研究的主要内容及方法

### 一、研究的主要内容

本研究致力于构建皖江城市带高职院校教学资源整合优化的

模式，系统提出高职院校教学资源共享与合作的主要形式、主要内容和运行机制，解决构建皖江城市带高职院校教学资源整合优化模式的过程中可能遇到的障碍问题，如利益攸关方的利益分配、目标驱动力、合作方式等，在内容设计上侧重理论和实践两个层面。

实践层面：通过对皖江城市带高职院校教学资源现状的实地调查，针对各校资源利用过程中存在的问题，结合部分高职院校整合优化教学资源配置的实践探索，提出一些切实可行的改进建议。

理论层面：通过系统分析，着重从以下方面开展理论研究，以期对皖江城市带高职院校教学资源跨校整合优化的实践起引导作用。

（1）皖江城市带高职院校教学资源整合优化的现状、存在问题分析。

（2）利益相关者教学资源整合优化的驱动力分析。

（3）皖江城市带高职院校教学资源整合优化的影响因子研究。

（4）皖江城市带高职院校教学资源整合优化的策略措施，包括高职院校教学资源共享与合作的主要形式、主要内容和运行机制研究。

## 二、研究方法

一是文献资料法。参考相关文献资料和理论著作，充分利用互联网资源，获取资源整合优化的相关资料和皖江城市带高职院校教学资源现状的相关资料。

二是对比分析法。本书通过横向比较分析国内外职业院校资源整合优化情况，明晰了皖江城市带高职院校教学资源整合优化现状、存在的问题与制约因素，提出皖江城市带资源整合优化的策略措施，并借鉴国外及长三角、珠三角资源整合优化的成功经验及做法，使得皖江区域高职院校教学资源整合优化的策略措施更加切实可行。

三是实地调查与典型案例分析法。通过对皖江城市带以及长三角、珠三角高职院校的实地调查，搜集大量一手资料，通过统计及定性分析，借鉴国内外成功案例，探讨出皖江区域高职院校资源整合优化的成功模式。

## 第六节　研究的主要创新点

一是研究内容的政策性。国家高等职业教育发展规划（2010—2015）强调建设代表国家水平、具有高等职业教育特色的标志性、共享型专业教学资源库，解决高职院校专业共性需求，实现优质资源共享，带动全省乃至全国高职院校专业教学模式和教学方法改革，整体提升高等职业教育人才培养质量和社会服务能力。本书基于此提出整合优化皖江城市带高职院校教学资源，实现高职教育的整体发展，具有较强的政策性。

二是研究内容的适用性。本书坚持与教育教学相结合的研究方向，构建皖江城市带高职院校教学资源整合优化的模式，研究整合优化的策略措施，更好地服务皖江城市带经济建设，必将受到区内高职院校、企业和政府的欢迎。本研究内容适用性强。

三是研究方法的创新性。本书以帕累托改进理论为切入点，兼顾皖江城市带高职院校各参与方利益，提出了"互惠互利、优势互补、共同发展"的整合优化理念。本书研究立足于皖江城市带高职院校的实际合作，重点在于构建皖江城市带高职院校整合优化教学资源的模式，研究提出实施的具体方法。通过对项目的规划实施，辅之以行动研究，结合实际调查、个案研究和经验总结等方式，通过项目带动、项目实施和实践依托相结合的办法，对提出的方法进行深入实践。研究方法比较科学，具有一定的创新性。

四是研究成果的可推广性。本书所产生的研究成果可操作性强，形式较新颖，效果较明显，有比较高的现实意义和创新价值。研究成果可在省内一些相关高职院校进行推广，同时对其他国家规划区高职院校教学资源的整合优化也有较好的参考价值。

# 第二章　教学资源整合优化的理论基础

## 第一节　帕累托最优理论

　　长期以来，安徽省各高职院校教学资源整合优化存在表面化、单一化的现象，整合优化尚处于起步阶段，特别是在利益着眼点上的差异使得教学资源整合优化状况不尽如人意。要解决好这一问题可以从帕累托改进理论中得到启示。1897 年，意大利经济学家帕累托提出了一个资源配置最优状态标准，即"帕累托标准"。帕累托最优（Pareto Optimality），也称为帕累托效率（Pareto Efficiency），是指资源分配的一种理想状态，假定固有的一群人和可分配的资源，从一种分配状态到另一种状态的变化中，在没有使任何人境况变坏的前提下，使得至少一个人变得更好。帕累托最优状态就是不可能再有更多的帕累托改进的余地；换句话说，帕累托改进是达到帕累托最优的路径和方法。帕累托最优是公平与效率的"理想王国"。主要内容包括：在某种既定的资源配置状态，任何改变都不可能使至少一个人的状况变好，又不使任何人的状况变坏。否则，就不是帕累托标准，而是帕累托改进。

人们追求"帕累托最优"的过程，其实就是管理决策的过程。管理学所研究的管理活动，其目的是充分利用有限的人力、物力、财力，优化资源配置，争取实现以最小的成本创造最大的效率和效益。在企业单位，企业必须保证在员工的利益不受损害、员工的合法权益受到尊重的基础上追求企业的最大收益。企业管理活动的过程，实际上也是追求"帕累托最优"的过程。帕累托最优标准是衡量社会资源优化配置的普遍标准，高等教育领域的资源配置问题也不例外。帕累托最优标准是从经济学边际效益原理出发，当改变资源配置给任何一个人（至少一个人）带来好处时，不会给其他人带来坏处，就是说资源配置时增加的边际效益不应低于边际成本。资源配置若达到了帕累托最优标准，也就实现了优化状态。但是，各种资源要素即使达到了一种合理的状态，由于制约资源运行的因素很多，并不断变化，且其边际效益也很难被准确计量，因此用帕累托最优标准来判断教学资源优化配置的合理性会受一定的局限。

## 第二节　帕累托改进理论

帕累托改进是实现帕累托最优的路径和方法。所谓"帕累托改进"，就是一项政策能够至少有利于一个人，而不会对任何其他人造成损害；帕累托最优状态即一切帕累托改进的机会都用尽了，再要对任何一个人有所改善，不得不损害另外一些人。帕累托改进的理论广泛应用于我国经济改革，使改革能够比较顺利地推进。

所谓帕累托改进（Pareto Improvement）是基于帕累托最优基础之上。帕累托最优是指在不减少一方福利的情况下，就不可能增加另外一方的福利；而帕累托改进是指在不减少一方的福利时，通过改变现有的资源配置而提高另一方的福利。帕累托改进可以在资源闲置或市场失效的情况下实现。在资源闲置的情况下，一些人可以生产更多并从中受益，但又不会损害另外一些人的利益；在市场失效的情况下，一项正确的措施可以消减福利损失而使整个社会受益。

帕累托改进是经济学的一个概念，指在某种经济境况下如果可以通过适当的制度安排或交换，至少能提高一部分人的福利或满足程度而不会降低所有其他人的福利或满足程度。帕累托改进是通过持续改善，不断提高社会的公平与效率，从而使社会和事物发展达到"理想王国"。简而言之，各方都有利、都同意的事情或制度安排，一定是帕累托改进，社会没有理由不让每个人都得到好处的事情进行。本书用这个经济学的概念来阐述高职院校教学资源整合优化工作中的一些问题，对于高职院校调整教学及办学理念，提高工作效率，充分利用各种闲置教学资源，优势互补，合理配置各高校资源，从而实现共赢具有指导作用。

## 第三节　帕累托理论对资源整合优化的指导意义

帕累托改进是指一项政策能够至少有利于一个人，而不会对任何其他人造成损害。一方面，帕累托最优是指没有进行帕累托改进的余地的状态；另一方面，帕累托改进是达到帕累托最优的路径和方法。根据帕累托标准理论，皖江城市带高职院校教学资源应该达到这一状态：在现有的资源配置状态下，任何资源的调整改变都不可能使至少一所高职院校的状况变好，而又不使任何学校的状况变坏，也就是说资源配置已达到最佳状态，无须改进。当然，帕累托标准是一种理想状态，现实中很难达到，因此我们必须通过帕累托改进力图达到这一最优状态。高职院校跨校资源整合优化就是要使参与学校教学资源达到帕累托最优。皖江城市带高职教学资源整合优化旨在结合国内其他兄弟高职院校教学资源整合优化的实践，以"互惠互利、优势互补、共同发展"为理念，通过有效途径，建立皖江城市带高职院校教学资源跨校整合优化的帕累托最优模式；整合区内教学资源，使教学资源利用更加科学，办学条件更加完善，教育质量更加优良，教育结构更加合理；全区高职教育的全面推进，构建起与皖江城市带经济社会发展相适应的高职教育集群，真正达成充分利用教学资源、避免重复建设、优势互补、提高教学质量、培养合格高职人才的帕累托最优状态，为发展高职教育做出最大贡献。

高职院校教学资源的优化整合研究的是：如何合理、有效、充分利用有限的人力、物力、财力等有形资源和无形资源；如何通过相应的措施、手段和方法，使教学资源从低效益的环节、地方，向优化整合后的高效益的环节、地方流动。把有限的教学资源配置到能产生高效益的院校或部门，提高教学资源的使用效率，提高办学质量和效益。各高职院校优化整合教学资源，充分利用闲置资源，使得资源在不同高校间合理流动，发挥最大效益，参与各方都从中获取利益而不会使其中任何一方利益受到损害，均从他们所能使用的资源中得到最大的满足，使教学资源得到最好的配置。因此，帕累托理论是研究教学资源优化整合的理论基础，对教学资源如何在各高职院校间合理配置有借鉴意义。

# 第三章　国内外同类院校教学资源整合优化的成功经验、实践探索及启示

## 第一节　国外教学资源整合优化的成功经验

国外虽然没有专门以"教学资源整合"为研究对象的论文和专著，但这并不意味着国外不关注教学资源整合问题，现代西方教育经济学研究的主要范畴就是教育投入、教育的效益与效率、教育的需求与供给、教师的需求与供给、教育的个人受益与社会受益、教育与社会经济的相互关系等。虽然没有使用"教学资源整合"这个术语，但其主要任务也是研究如何在教学资源稀缺的条件下，有效利用教学资源，合理地将教学资源在个人和团体中进行分配。关于大学教学资源的研究属于教育经济学范畴。教育经济学产生于 20 世纪 50 年代末 60 年代初的西方发达资本主义国家。在 1957—1966 年间，美国芝加哥大学经济学教授、诺贝尔奖获得者舒尔茨全面论述了"人力资本投资理论"，他认为正规学校教育至少是人力资本投资的一部分，它可以提高每个工人的生产

产值，因而这一教育投入，也是经济意义上的投资行为，并对其进行了教育经济效益分析，他的理论对随后世界类似领域的研究具有指导性意义，他发表的"人力资本投资"（Investment in Human Capital，*American Economic Review*，March，1961）等，奠定了他在20世纪60年代研究教育经济问题方面的权威地位，创立了人力资本理论。随后，许多经济和教育的研究学者，在各自感兴趣的领域进行了大量的研究，至20世纪60年代初已取得了初步成效。1962年，约翰·维齐（John Vaizey）出版了《教育经济学》一书，"教育经济学"这门学科真正诞生了。20世纪80年代后期，英国普林斯顿大学经济学教授阿特金（G. B. J. Atkinson）出版了《教育经济学引论》一书，进一步探讨了教育效率问题。他认为"在分析教育效率时，最困难的莫过于度量和估计教育的产出"，关于投入—产出分析所得到的任何结论，都是尝试性的，要得到简洁的、一般的结论是相当困难的。纵观国外教育经济学研究和发展现状，基本上可分为两大部分：一部分是探讨教育自身的经济效率和效益问题，即如何有效地分配和利用稀缺教学资源，提高教学资源的经济效益；另一部分是考察和探讨教育与社会、经济之间的相互关系，即社会能够为教育提供的资源总量，社会和个人在既定的社会经济条件下，对教育的需求总量和需求结构的特征，以及教育在推动社会经济发展中的作用、动力机制、作用程度等。

日本政府认为资源的优化整合是给大学"充电"，使它们富有竞争力，目的在于使大学的设备设施（包括土地和财产）的使用更有效率，并改善人力资源配置的效率。我国台湾中正大学哲学系教授洪裕宏针对台湾一些大学仿照加州大学纷纷建立大学系统的风潮，认为"如何整合教学资源将是一大考验，大学系统空间距离遥远，长期为之，兵疲马困，学生跨校选课、教师跨校开课，能坚持多久难以预料。应建立跨校的研究中心来代替全面性的大学教学资源整合"。美国威廉姆斯学院经济学系主任、法人合并研究学者拉尔夫·M.布拉德伯德指出：有效的整合可减少过剩的行政管理服务，如会计、设备维护、注册等，从而降低经营成本。美国路易斯大学教授会主席、跨学科教育研究学者大卫·霍布森指出："大学是一种关系模式，它并不是积累学分的模式，而是做事情的模式。高校的资源整合必须考虑多方面的利益。应根据各院系实际及学科的特点来具体确定学科层次上的主导权。"

## 第二节　国内高职院校教学资源整合优化的实践探索

### 一、江苏常州高职教育园区优质教学资源共享动力机制的构建

常州高等职业教育园区是江苏省示范性高职教育园区建设单位、江苏省"国际服务外包人才培训基地"、国家高职教育改革发展综合实验区，其显著特色是集约发展、资源共享。园区内现有五所高职学院，建成国家级实训基地7个，省级实训基地19个。园区现代工业中心是全国高校园区中第一家开放共享、产学研一体的大型基地。教育园区现已形成良性的实践资源共享运行机制，开创了具有中国特色和地方特点的发展新模式，即高职教

育的"常州模式"，致力打造我国高职教育园区教学资源全面共享的第一品牌。

1. 高职教育园区教学资源共享的动力因素分析

动力机制是高职园区教学资源共享运行机制的核心。建立高职园区教学资源共享的长效运行机制，首先必须建立园区管委会协调下的校校、校企多元化合作共享的动力机制。在市场经济条件下，校校、校企合作的本质就是互惠双赢、资源共享、共生态发展。高职院校之间、校企之间也存在一定的互补性和依存性，从而产生一定的动力支持。

（1）园区高职院校是资源合作共享的内在动力。根据罗默的知识溢出理论和卢卡斯的人力资本溢出等理论，特殊的知识和专业化的人力资本是决定经济增长的最主要因素：知识溢出发生在同一产业相同或相似企业之间，会产生规模经济。集群内知识溢出只有具备畅通的传导共享，作为结果的知识溢出的连锁、模仿、交流、竞争、带动、激励等效应才会产生。尤其是在后大众化高等教育时代的今天，随着高职教育提前入学和注册入学招生制度改革的推进，高职院校将面临严峻的生存与发展压力。园区高校必须通过"抱团共享""强强联合"，提高整个园区各高校自身的内部效益和整个园区的外部效益。

常州高职教育园区各项教学资源丰富，5校均为省级示范教育园区高校。其中国家级高职教育示范校和骨干校2所，教学条件一流。各校平均开设50个专业，专业门类齐全；已建成江苏省品牌、特色专业29个，国家级精品课程14门，国家"十一五"规划教材50多部；荣获国家级、省级教学成果一、二等奖

10 多项。园区各学院积极探索并形成了具有各自特色的工学结合的人才培养模式。园区内 5 所高职院校有人才、技术集聚优势，高学历、高职称、高技能的教师多，而且覆盖各个领域。通过园区内教师或科研人员和教学管理人员的相互交流，形成稳定、可靠的互惠社区网络，促进知识的溢出和扩散。师资共享有利于组建联合科研教学团队，打造高职教育领军人物，有利于申报省市重大项目和进行联合技术攻关。服务区域经济，有利于教师专业成长，同时也有利于解决专业人才的短缺和过剩的问题。专业共享，有利于发挥优势专业的示范和引领效应，形成专业群效应，同时也有利于对弱势专业进行改造和提升。共享管理，有利于实质性地推进课程互选、学分互认、人才共育的教学管理模式。园区各高校师资、专业和管理合作共享的空间和潜力很大。

（2）政府是园区高职院校资源合作共享的外在推手。在我国，政府是大学的办学主体，政府在教育资源配置中起基础性作用。从教育财政学视角来，政府在教育中的作用至少有筹措足够的教育经费、保证教育的高效率运转和促进教育公平等作用。教育通过培养人才来为社会服务，也就是说，社会是教育的巨大受益者。从罗索斯基的有关大学利益相关者的观点来看，政府是大学利益的部分相关者。我国学者胡赤第认为：教师、学生、出资者、政府等是大学的权威利益相关者。所以，从政府的职责来看，政府代表公共利益，有责任、有义务为公民提供包括教育在内的公共服务。发展职业教育是推动经济发展、促进就业、改善民生的重要途径，满足人民群众对职业教育的需求是政府代表人民群众的利益的重要体现。

常州高等职业教育园区是政府主导型教育集团化发展模式，以政府为主导，通过政策调节和市场化运作等机制，基于共同的发展利益，充分整合学校、社会、政府、企业各方优质资源，实现各要素的资源最优化配置，建立健全政府主导、行业指导、企业参与的办学机制，满足区域经济发展和产业转型升级对高素质高技能型人才的需要。常州科教城管理委员会是常州市政府的派出机构，其主要职能是推动园区教育改革、规划建设、共享管理、协调发展、公共服务等。所以，园区管理委员会应主动协调政校、校校以及校企之间的关系，促进学院与学院、学院与企业、学院与地方经济发展的深度融合。打造高职教育"常州模式"品牌，也是事关民生、真正利民惠民的政府"形象工程"。常州科教城科研、院校、企业"三大"集群效应为高等职业教育园区拓展了发展空间，为当地经济发展注入了活力，使得常州高等职业教育园区成为江苏乃至高职教育发展史上的一张响亮的名片。

（3）学生是园区高职教学资源整合优化的受益者。学生是高职教育的核心利益相关者，教育质量与他们的整体发展利益息息相关。从市场营销管理学的视角看，学生是高等教育服务的部分支付者。学生购买的是高校的教育教学服务以及与此相关的配套资源的消费权，他们是学校服务的"顾客"或"客户"。所以，学生是大学的根本服务所在，学生是大学存在的理由，毕竟没有学生就没有大学。

顺应高等教育的大众化趋势，高职院校尤其要调整自己的目标导向，要牢固树立"以学生为主体，以就业为导向"的可持续的教育质量观，建立基于顾客满意度为导向的教育教学质量保障与服务体系，让学生充分自由地享受园区内的优质师资、优质课程、优质设施等服务，这就是为学生提供优质的教学资源保障的关键。从常州高职教育园区近几年共享运行的效果来看，各校学生对现代工业中心（共享型实训基地）的实践教学非常满意，学生上课的热情也非常高。

此外，园区每学期还根据各校的专业特色开设了多门公选课程，比较受学生欢迎。然而，面对日益激烈的市场竞争，园区内各高职院校如何开发和利用积聚资源，为学生提供更加合适的产品及更加多元化和高品质的服务，最大限度地满足学生的需求，成为破解制约当前园区软件教学资源共享问题的一条新途径。

2. 构建高职教育园区教学资源共享的动力机制

（1）政策保障机制。首先，教育投入是教育资源共享、教育改革与发展的物质保障，政府应发挥主导作用，切实履行统筹规划、政策引导、监督管理和提供公共教育服务的职责；完善教育经费投入机制，保障学校办学经费的稳定来源并有所增长；鼓励和引导社会力量捐资、出资办学；健全以政府投入为主、多渠道筹集教育经费的体制。其次，政府要综合应用立法、拨款、规划、信息服务、政策指导和必要的财政、税收等经济杠杆；鼓励和引导企业、行业、社会关心支持职业教育，调动企业参与学校人才培养的积极性；把为区域经济培养人才作为企业的社会责任和法定义务，并将其参与校企合作的业绩作为考评企业对社会贡献度的一个重要指标。再次，政府可通过制定相关校企合作管理文件，明确校企双方的责任、义务、合作办法、利益保障措施，利用公权力协调各校的利益关系，建立校企合作专项基金及奖励基金，促进高校主动适应区域优势产业，积极争取企业加盟，同时也有效地保障企业利益；实行企业优育优选人才机制，从而增强校企合作动力，扩大园（校）企合作办学共享平台，并在此基础上积极探索通过市场化运作模式建立园（校）企合作的新机制。

（2）组织领导与协调机制。一个有效的组织领导与协调机制能够充分整合政府、高校、企业和行业等方面的优势，调动各方面支持职业院校发展和高职园区建设的积极性，有助于保障和实现校企之间、校校之间的合作共享。

为了加强对园区的领导和管理，推动学校与学校、学校与企业、学校与社会组织、学校与区域间的交流与合作，成立了由常州市政府分管教育的副市长、武进区政府副区长、园区管委会领导和园区各高校校长等组成的常州市科教城（高等职业教育园区）工作领导小组，确保了园区建设的进度、质量和效益，为保障园区内外相关资源的共享提供了组织保证，在协调各高职院校之间的资源共享问题上发挥了一定的作用。建园初期，领导小组还从中观层面进行了设计和思考，拟跨校组建"专业（群）建设协作组""共享平台建设协作组""教学管理协作组""师资队伍建设协作组""科技与社会服务协作组""就业与创新创业协作组"等若干个协作组，其职能是负责园区各项共享协作工作的具体实施。但从目前常州科教城高职园区管理委员会所担任的职责来看，管委会在协调各高职院校资源共享工作方面还没有完全承担起职责。由于管委会人员为政府工作人员，日常事务较多，管理人员精力投入还不够，所以当初设计的各协作组的作用没有真正得到发挥，几所高校的软件教学资源共享的推进力度尚不够理想。

　　针对园区目前的软件教学资源实际状况，成立三个协调组织：一级组织是在政府（管委会）的支持与引导下，成立以各高校校长和管委会领导为主体的园区教学联合决策委员会。园区教学联合决策委员会配备1名专职领导人员专抓资源共享工作，实行定期联席会议制度（可每学期初和学期末各召开一次）。其职能为加强共享研究，制定共享对策，提出发展规划，保障资源配置，总结共享经验，协调园区与高校以及各高校之间的利益关系，解决共享中存在的重大问题，提供教学资源共享的"软件"服务，以保证资源共享的实现，使园区内高校形成一个责任共担、利益共享、深度融合的教学共同体。二级组织是在园区教学联合决策委员会的领导下，成立园区校际教学管理协调委员会和园区"专业（群）建设协作委员会"两个工作机构。两个组织职责和分工不同，但相互支持，目标一致，既保证各高校相对独立，又体现教学资源充分共享。园区校际教学管理协调委员会由资深教授或校领导组成，也可以聘请即将退休或已退休的各校或社会精通教学管理的专家，各校选派1人和管委会分管负责人（1人）组成。教学管理协调委员会成员可统一集中在科教城高教园区管委会办公，其职责是：根据教学联合委员会的决策和要求，依托教学共享信息平台，对园区的教学资源共享实行专业化的协调和管理，负责协调落实教学资源共享的具体工作；保障教学资源共享有序合理地进行，负责整个园区的共享资源（如专业互修、课程互选、师资互聘、学分互认，跨校学术活动等）的协调与安排；制定统一或相容的教学管理和学籍管理办法，拟订具有一定约束力的保障园区教学资源共享的管理规章制度和考核制度并负责具体实施；每周定期召开一次协调会议。教学管理协调委员会成员对内是联络员，与校内教务处共享管理负责人及时沟通，负责所在院校的教学资源调度；对外是协调员，负责协调与园区其他各高校的关系及处理相关共享事务，履行教学管理协调委员会赋予的各项职责和权力。三级组织是园区"专业（群）建设协作委员会"，由园区各高校学科或专业带头人、资深教授和行业、企业专家代表等组成。各校大类专业分别选派1～2人参加，每学期召开1次专业（群）建设协作会议。其职责是在资源共享的理念下，根据区域经济和产业规划以及园区的定位目标，结合各校专业特色和优势，对各校专业结构调整提出建议，为园区联合决策学术委员会提供智力支持。专业（群）建设协作委员会建立专业预测机制和专业退出机制，负责对园区开设专业进行调研论证，对不适应社会需要的或园区内重复设置的专业，经专业（群）建设协作委员会认定后报园区教学联合决策委员会批准后逐步予以淘汰；根据社会区域发展需求，集中跨校跨专业优势，及时重组和建设新专业，提出园区推进专业互修、学分互认、课程共享、教师互派的可行性方案，经园区教学联合决策委员会批准后由园区校际教学管理协调委员会分步具体实施；建立园区课程开发、建设及退出机制，鼓励联合开发课程与教材，联合申报教学成果评定；建立重大项目合作与技术服务联合机制，引导鼓励各校教师跨学科、跨专业抱团研究，联合攻关，建立园区学术成果评定与奖励机制。

（3）利益平衡与补偿机制。园区高职教育与其区域经济互动的最大内在动力是共同利益追求。同时各方利益诉求不同也是影响园区教学资源共享的重要原因。利益是政府、高校、企业在政、产、学、研合作中涉及的核心动力因素，建立利益平衡与补偿机制，有利于规范各参与主体的相应行为和调动各方参与园区产学合作与共享的积极性。在高校与行业、企业组成的高职教育联盟中，政府应扮演主导者和协调者的角色。政府必须实施"减免税收、帮扶、奖励"等多种机制，提高企业参与园区产学合作的积极性。作为高校，根据企业和社会需求制定和实行人才培养方案，培养企业所需人才，努力实现学生就业与企业用人的积极互动和衔接，建立企业优先选用人才的机制。园区教学资源在满足学生实训的基础上可向企业和社会开放，为企业和社会培训各类人才服务。

为推动各校充分参与教学资源的共享与合作，常州高职教育园区在共享型实训基地的运作上实施的资金杠杆撬动战略非常有效，即每所高校每年向园区管委会上交200万"强制性"共享专项费用，这样一来，各校最大限度地为学生争取实训机会，学生成了共享的最大赢家。这一做法也可运用于推进园区校际软件教学资源的共享，由园区统一制定软件教学资源的共享实施方案及利益核算办法。政府（管委会）也可增加在这一块的专项投入，缓解共享中存在的资金压力，对在共享中贡献大的主体方予以利益和政策补偿，同时也对弱势学校给予一定的照顾，确保各共享高校都能够从共享中获得利益。

（4）评估激励机制。对园区教学资源共享的评价可分三个层面进行。一是各级教育部门在对高职院校人才质量培养水平和办学特色进行评估和验收时，要积极帮助学校清除阻碍共享的政策壁垒，要改变目前只注重对一所学校单独评估的做法，对园区高校评估要弱化对资源的占有，强化对资源的使用，要制定有利于资源共享的高校学科或专业评估体系，营造有利于教学资源共享的政策环境，要关注与邻近学校之间的资源共享；可通过考察共享绩效和对园区师生跨校进行访谈等形式，把各校参与共享的情况纳入评估内容，以充分发挥示范校或骨干校的示范效应；在品牌、特色专业或精品课程评比、重大教育科研项目申报、教学成果奖评定等方面，都应鼓励各校之间共建、合作和共享，达到"以评估促建设、以评估促共享、以评估促提高"的目的。二是由园区管委会牵头，在听取各校关于教学资源共享意见的基础上，制定引导型发展性考核评价体系，建立促进园区教学资源区域共享的激励和约束机制，从制度层面对园区高校教学资源区域共享提出明确要求，保障园区优质教学资源共享。园区教学资源共享评价体系可由一系列与教学资源共享程度及效果相关的评价制度体系、组织体系和指标体系组成。评价体系实行定量与定性结合，自评与他评结合；确定评价内容，制定评价细则；实行高校管理人员、教师、学生、行业、企业等多主体评价；通过问卷、实地考察、深度访谈、查阅资料等多形式评价；从共享观念、组织保证、制度保障、资金投入、共享项目数量（如公选课程门数、学分互认课程门数、教师互派授课人次、跨校共建课程门数、承担科研及社会服务项目数、联合开办专接本专业数等）与质量、共享创新、共享成效、社会评价等方面综合进行评价。激励和约束机制可对积极开展合作和为园区教学资源共享贡献大的院校实行教学资源共享绩效专项补贴与奖励。三是园区及各高校要加强在校际层面规划、指导和保障下的系（院）际联系与共享的动力机制的研究和实践，大力鼓励、支持和引导各系（院）之间密切交流和合作，加强试点，树立典型，找准突破口，突出着力点。

## 二、东西部高职院校跨区域合作办学模式的实践探索

温州职业技术学院从 2005 年开始与重庆工贸职业技术学院开展教育对口支援，实施"2＋1"合作办学。学生在重庆工贸职业技术学院学习 2 年，第 3 年转入温州学习。温州职业技术学院协助重庆工贸职业技术学院推荐毕业生在浙江省就业，积累了较为丰富的合作办学经验。

1. 量身打造符合"2＋1"办学特点的人才培养方案

人才培养方案是组织教学活动、制订教学文件、衡量学生学业是否达标的基本依据。要保证"2＋1"合作办学的人才培养质量，首先要量身打造符合"2＋1"办学特点的人才培养方案。"2＋1"人才培养方案充分考虑两地区域经济特点，由行业专家共同参与论证，两校共同设计。人才培养定位和能力要求充分考虑两地行业、企业的用人需求，既要符合高技能人才培养目标，顺应工学结合的改革潮流，又要体现合作办学特色，发挥资源优势。培养方案的实施要具有可操作性，利于两地分段实施，如鞋类设计与工艺专业，根据温州、重庆两地制鞋行业人才需求调查情况，吸收专业指导委员会意见，两校专业负责人共同研讨制订人才培养方案，将专业定位在为制鞋企业开发部门的鞋样造型设

计、鞋样电脑设计软件应用、鞋靴样板设计与制作、样品鞋试制和生产管理等岗位培养人才。根据制鞋产业结构的调整和行业转型升级要求以及人才需求的变化，人才培养要求在强调素质教育的同时，加强了对新产品研发能力、市场分析能力、电脑软件应用能力和创新能力的培养。人才培养计划实施过程中，依托生产性实训基地完成生产性顶岗实习，依托生产性实训基地和校外实训基地完成研发性顶岗实习，形成了"以产带训，以研促学"的多层次人才培养模式。员工即老师，车间即课堂，实现学生和员工互动，教师和师傅合教，融教学、实训、生产、研发和服务为一体，形成了鲜明的地方行业企业和职业特色。

2. 构建3年循序渐进、两段紧密衔接的课程体系

基于工作过程的课程模式是当前高职院校课程改革的基本取向。在全面分析工作过程的基础上，两所院校理顺课程之间的关系，确定课程结构，做到课程结构与岗位任务对接、课程内容与职业能力对接、教学情境与工作情境对接，从而构建"2+1"模式的课程体系。同时，两所院校又要充分考虑各自的办学条件，科学合理设计3年循序渐进、两段紧密衔接的课程体系。如鞋类设计与工艺专业课程体系，根据制鞋企业鞋靴生产过程的9个主要工序，分析对应的岗位能力，开发9门对应的主要课程，其中4门核心课程3年不断线，并各自有2门以上的辅助课程支撑，构成了比较完整的课程体系。同时，根据高职人才培养目标，设计了系统化、多层次的实践教学体系，包括课堂教学实训、项目化教学、职业资格证书考核、校内外顶岗实习、毕业设计综合调研，组织了各类技能竞赛和毕业综合实践等环节。

根据"2＋1"两地分段办学的特点，在重庆的第一、二学期以基本技能训练为主，开设课程有鞋样素描和色彩、皮鞋设计基础、皮鞋材料应用、皮鞋造型基础、鞋样电脑设计基础等；第三、四学期以综合技能训练为主，开设课程有鞋靴样板设计、鞋靴造型设计等，实施项目化教学；转移到温州以后的第五、六学期，把学习重心放在进一步强化综合技能和培养创新能力之上，开设课程有综合设计、电脑辅助设计、考证训练、毕业设计、顶岗实习等，着重加强学生新产品研发能力、市场分析能力、电脑软件应用能力和创新能力的培养。

3. 交流互访提升教学、管理水平

提升教师教学水平和管理水平，是两校教育对口合作协议的一个重要内容，也是"2＋1"合作办学质量的重要保障。几年来，双方有计划地互派教师和干部学习交流，重庆工贸职业技术学院先后派出9批43人次来温州职业技术学院对口交流学习，其中有几名教师脱产学习半年到一年。老师们采取跟班听课、参加教改教研活动、下企业和实训基地实践锻炼等方式，提高了实践技能，取得了职业资格证，成为"双师型"教师。由于重庆工贸职业技术学院有很多教师是从中专教师转型而来，通过交流学习，有效地推动了该院师资队伍的转型和提升，提高了教师的业务能力，增强了教师的教改教研意识和质量意识，提升了教师的教学水平。除教师之外，重庆工贸职业技术学院还委派教学副院长、教务处长、财经贸易系主任、轻工系主任等干部来温州职业技术学院挂职锻炼半年，参与温州职业技术学院的日常管理，将其管理理念、管理方法传递回去，为提高重庆工贸职业技术学院的管理水平发挥了重要作用。与此同时，温州职业技术学院也先后派出 6 批 41 人次前往重庆工贸职业技术学院对口交流。

**4. 支持建设实习实训基地**

为了支持重庆工贸职业技术学院专业建设，温州职业技术学院除了在课程设置、实训计划安排、教学管理和制度建设等方面给予指导，还对重庆工贸职业技术学院校内外实习实训基地建设提出了建议并给予资助。温州职业技术学院 2006 年赠送给重庆工贸职业技术学院 5 台价值 10 万元的 GH－1440A 普通车床，此后又陆续赠送价值 10 万元以上的电脑等教学设备，改善其教学条件，实现资源共享。重庆工贸职业技术学院制订了实训基地建设规划，加大资金投入，加快了校内实训基地的建设步伐，已建成 9 个校内生产性实训基地，下设 68 个校内实训室，教学实验仪器设备总值 3000 余万元，与 68 家企业签订了校企合作办学协议，建立了稳定的校外实习实训基地。

**5. 联合推荐毕业生就业**

根据《教育对口合作协议书》，温州职业技术学院在完成合作办学专业第三年的教学计划以后，协助重庆工贸职业技术学院推荐毕业生在浙江省就业。为了帮助学生顺利就业，两所院校有针对性地开设就业指导课，有专人负责为学生答疑解惑，提供就业指导和帮助；还通过吸引企业进校举办专场招聘会、学校推荐等方式，多渠道促进学生就业，效果明显。机电一体化技术专业 2004 级 16 名学生、2005 级 38 名学生顺利在浙江、江苏、上海等省市就业，就业率达到 100%；2006 级服装设计、鞋类设计与工艺专业 66 名学生顺利在温州、重庆、广东等地就业，毕业生就业率高，就业质量较好。"2＋1"合作办学模式培养出的学生有着扎实的专业基本功和较强的实践动手能力，受到了用人单位的好评。

### 三、长沙市省属公办高职院校教学资源合作模式实践探索

#### 1. 长沙市省属公办高职院校教学资源合作的背景依据

我国高等教育从精英教育转向大众化教育，使高等职业教育的规模快速发展。截至 2016 年 10 月，湖南省共有高职院校 65 所，其中长沙市有高职院校 32 所，占全省高职院校总数的49.2％；全省公办高职院校 53 所，长沙市有 25 所，占全省公办高职院校总数的 47.2％。近几年我国各类高职院校进行了大规模扩张，由于政府财政投入不足，我国高等教育预算内高职教育经费远远不能满足高职教育的发展。高职院校主要靠学费、社会培训收入和自筹资金来维持运转和发展，而许多高职院校培训收入和自筹资金能力较弱，普遍采用负债融资的发展模式。然而，负债融资是一把"双刃剑"，在暂时解决学校办学资金短缺的同时又给学校增加了巨额负债，如果学校没有结合自身发展的实际情况，盲目增加负债扩大融资规模，到期没有足够现金流偿债，定会陷入财政危机而影响正常教学秩序，严重影响到院校财务的正常运作，也影响到实训条件改善、实验实训设备添置和日常耗材采购，致使学校压缩实践课时比重，直接影响到学生培养质量。由于省属公办高职院校属于省财政拨款单位，通过机制创新整合区域内省属公办高职院校教学资源，实施区域内高职院校教学资源合作共享，对减少教学成本、提高教学质量有着重大现实意义。

大学城是政府主导型的带有共享教育资源特征的新教育组织

形态。2013 年，政府投资 14.8 亿元建成长沙职教基地，投资 45 亿元建设株洲职教城。2011 年 5 月 18 日上午，来自湘潭六所高职学院的书记、院长出席了在湖南理工职业技术学院召开的湘潭高职院校联谊会筹备会。湘潭高职院校联谊会的成立，将进一步整合区域教育资源，共同开创湘潭职业教育的新天地。这表明，地方政府及高职院校在科学合理地利用现有教学资源，实施区域高职院校教学资源合作共享方面做出了表率。

面对高考生源持续下降的招生形势，如何保证各高职院校有序健康发展，减少恶性竞争，保持招生工作的严肃性，对科学合理地利用现有区域教学资源，实施区域内高职院校教学资源合作与共享具有重要的现实指导意义。为实现上述目标，解决教学资源共享存在的问题，相关部门和院校可开展以下工作：

（1）调研长沙市省属公办高职院校教学资源共享与合作的积极性，尽快开展教学资源项目的讨论。公办高职院校行政上隶属于不同上级主管部门，要组建一个主权分明、高效便捷的优质教育资源开放与共享系统，必须得到教育行政主管部门的大力支持。同时，还必须得到院校上级行政主管部门和院校领导的积极配合。

（2）根据教育厅每所高职院校重点建设 1～2 个专业大类的要求，建议教育厅严格控制院校招生规模、招生专业数量，其中国家示范院校控制 30 个左右专业办学资源，一般高职院校可控制 20 个左右专业办学资源，系部规模控制在 4～5 个，每个系部控制在 4～5 个招生专业。

（3）如要共享教师资源和课程资源，则会牵涉到复杂的成本核算问题。因此，高职院校要大力推行学分制改革，引入成本核算机制，可先从专业课程设置、师资互聘、学分互认、图书资源借阅等方面入手共享合作。

（4）由于实验实训设备等硬件资源共享会增加日常运作费用及维护费用，如果不解决好资源共享各方的成本分担与利益分配，会直接导致区域内高职院校缺乏资源共享的内在动力。因此，如何促进整体实力较强的院校在优质课程互开、实验实训设备共享等方面发挥更大的作用，有待商议。

（5）实现各高职院校间的资源共享与合作，就必须建立相应的教学资源共享运行机制，制定并讨论具体政策和制度。

（6）加强网络资源共享，搭建课程共享平台，建立区域内的信息资源网络，实现资源共享的效益最大化。比如：职教新干线实质就是教学资源共享平台。

2. 教育资源共享与合作的办学特色与机制建设

面对生源持续下降、相当一部分高职院校难以完成招生任务的情况，实现公办高职院校可持续发展，推进区域公办高职院校教学资源合作与共享具有以下优点：

（1）强化共享意识，增强共享动力。教育主管部门、院校、教师等要树立教学资源共享的意识，充分认识到资源共享的必要性，以及资源共享所带来的积极影响；认识到统一规划设置教育资源平台，实施教学资源共享是化解生源不足难题、降低教学成本、保障师生利益、提高办学效益的最佳途径。

（2）长沙市省属各高职院校应积极探索资源共享新机制，约束和规范各院校在资源共享中的权利和义务，加强高职院校间的合作与互动，完善资源共享的协调机制。

（3）推进教师互聘工作，有效缓解院校师资结构性过剩或短缺问题，降低办学成本，提高办学效益。鼓励不同院校相近或相同学科的教师，根据省技能抽查标准，探讨专业课程设置与教材开发，这样既可以融合各院校的文化特色，又可以弥补彼此不足。

（4）大力推行学分制改革，逐步实行课程互选、学分互认制度。各院校可搭建课程共享平台，在师资和教室允许情况下，逐步对外开放所有课程。学生在教学计划内进行的跨校选课按学分收费，费用由学生所在院校进行校际结算，暂时可从公共基础课群、公共选修课试点。

（5）加强网络资源共享。网络平台是教学资源共享的最佳模式，通过网络平台的搭建，既可解决学生跨校区选课的困难，又能实现精品课程网站访问和网络课程的课堂教学。

## 第三节　国内外同类院校教学资源整合优化的实践探索的启示

从国内外教学资源整合优化的成功经验及实践探索中，我们得出了很多有益的启示。特别是常州高职教育园区在教学资源共享方面进行的大胆尝试和探索，温州职业技术学院和重庆工贸职业技术学院合作办学的探索以及长沙市省属公办高职院校教学资源共享合作模式的探索，均取得了可喜的成绩，在我国高职教育领域形成了一定的影响，给皖江城市带高职教育资源整合优化提供了较好的借鉴及启示。

一是作为皖江城市带各高职院校的领导，要有教育家的战略眼光、博大的教育情怀，真正树立"不求所有，但求所用"的全局观念，变"要我开放共享"为"我要开放共享"，正确处理好资源的眼前利益和长远利益的关系；正确处理好院校个体需求和皖江区域社会整体需求的关系，为皖江诸校学子的成长、成才和成功提供最大便利和高品质的服务。

二是高职院校要正确处理资源共享与特色办学的矛盾，运行管理实行"统""分"结合模式。共性则"统"，个性则"分"，错位式、差异化发展。优势互补、特色发展。皖江城市带各高职院校要加大校间的联系和合作力度，统筹规划建设项目，要"有所为，有所不为"。校内专业建设不要贪多求全，"大而全""小而全"全面开花，要按照"扬优、扶新、集群、集成"的思路，按照皖江城市带产业群的需求，以皖江城市带高职院校为主体，以资源共享、校企合作为重点，通过共享共建重点专业群，突出特色和优势，形成区域特色的专业群优势。

三是各级政府部门应重视皖江城市带教学资源整合优化工作，尽快制订软件资源共享推进计划和时间表，分解任务；明确职责，建立支持课程互选、学分互认、教师互聘的管理制度、协调机制和管理平台。各高校要逐步开放课程与专业，不断探索，力争共享进程新突破。

四是相关部门可在区域内高职院校与本科学校之间搭建起高技能应用型人才培养的"立交桥"，实行一定比例的优秀生和特长生"升本"推荐保送政策，皖江区域内的学分价值将得以彰显，服务区域经济的应用型人才的培养质量将得以保障，高职教育的品牌效应将得以放大。

五是高职院校要加强教学资源合作模式研究，创新体制机制，突出办学特色，共享优质教学资源，实施优势互补的发展模式，增加实际可供使用的资源总量和类型，优化资源结构，形成规模优势和整体优势，做强做大主体特色专业。这对于促进区域内高职院校的稳定健康发展，为地方经济社会的发展做出更大贡献极具意义。

# 第四章 皖江城市带高职院校教学资源情况调查及跨校整合优化的现状、问题分析

## 第一节 皖江城市带高职院校教学资源的情况调查

### 一、皖江城市带高职院校教学资源现状

目前，安徽省的高职教育已经超过高等教育的半壁江山，截至 2016 年底，高职院校已达 74 所，占全部 107 所高校的 69％。皖江城市带承接产业转移示范区拥有高职院校 58 所，占安徽高职院校总数的比例高达 78％。然而这些高职院校发展并不平衡，地域、行业间差异大。各高职院校在整体办学条件、资金投入、教学基本建设、师资力量、实习实训条件以及毕业生就业等方面均存在较明显的差距，严重制约着高职教育事业的整体发展。因此，重视发展高职教育，更好地服务于皖江城市带承接产业转移示范区建设已经成为社会各界的共识。

近年来，随着皖江城市带承接产业转移示范区建设上升为国家层面重大发展战略，以及安徽省委省政府对高等教育的重视和投入，区内高职教育获得了长足发展，规模进一步扩大。

表4-1　皖江城市带高职院校现状

| 序号 | 地区 | 高校名称 | 资源状况描述 |
|---|---|---|---|
| 1 | 合肥 | 安徽医学高等专科学校、安徽水利水电职业技术学院、安徽警官职业学院、万博科技职业学院、安徽职业技术学院、安徽广播影视职业技术学院、安徽林业职业技术学院、安徽审计职业学院、安徽新闻出版职业技术学院、安徽邮电职业技术学院、安徽财贸职业学院、安徽国际商务职业学院、合肥通用职业技术学院、安徽交通职业技术学院、安徽电气工程职业技术学院、合肥经济技术职业学院、安徽体育运动职业技术学院、安徽艺术职业学院、安徽工业经济职业技术学院、合肥职业技术学院、安徽中澳科技职业技术学院、安徽公安职业学院、安徽工商职业学院、合肥财经职业学院、安徽城市管理职业学院、合肥共达职业技术学院、安徽绿海商务职业学院、安徽涉外经济职业学院、徽商职业学院、合肥滨湖职业技术学院、合肥信息技术职业学院、安徽长江职业学院、合肥幼儿师范高等专科学校、安徽汽车职业技术学院、合肥科技职业学院、安徽粮食工程职业学院 | 作为省会城市，聚集着这一区域60%以上的高职院校，公办25所，民办11所，国家级示范高职3所，省级示范9所，占有较为优势的教学资源和得天独厚的区域优势 |

（续表）

| 序号 | 地区 | 高校名称 | 资源状况描述 |
|---|---|---|---|
| 2 | 芜湖 | 安徽机电职业技术学院、安徽扬子职业技术学院、芜湖职业技术学院、安徽中医药高等专科学校、安徽商贸职业技术学院 | 公办4所，私立1所，芜湖职业技术学院为国家级示范高职，区域和资源优势较为突出 |
| 3 | 滁州 | 滁州城市职业学院、滁州职业技术学院 | 2所公办高职，其中滁州职业技术学院为省示范高职，近年发展较快 |
| 4 | 宣城 | 宣城职业技术学院 | 1所公办高职，省级重点支持建设院校，资源优势不明显 |
| 5 | 铜陵 | 铜陵职业技术学院、安徽工业职业技术学院 | 均为公办高职，资源优势不明显 |
| 6 | 六安 | 安徽国防科技职业学院、六安职业技术学院、皖西卫生职业学院 | 均为公办高职，六安职院为省示范高职，近年虽发展较快，但资源优势仍然不明显 |
| 7 | 马鞍山 | 马鞍山师范高等专科学校、安徽冶金科技职业学院、马鞍山职业技术学院 | 均为公办高职，在冶金、探矿等领域有一定特色，但资源优势仍然不明显 |
| 8 | 池州 | 池州职业技术学院、安徽人口职业学院 | 地处江南，安徽人口职业学院为新办院校，资源优势一般 |
| 9 | 安庆 | 桐城师范高等专科学校、安庆职业技术学院、安庆黄梅戏艺术职业技术学院、安庆医药高等专科学校 | 在黄梅戏、医护领域优势明显，安庆职院为省示范高职，近年发展很快，资源优势仍需提高 |

从表 4-1 可以看出，区域内共有 58 所高职院校，聚集着安徽全部国家级示范高职和 80% 省示范高职，涉及工业、农业、商业、交通、采矿、教育、卫生等领域，占有安徽大部分优质教学资源。从地区分布来看，绝大部分高校和优质教学资源集中分布在省会合肥，其他区域除芜湖外，优势均不明显。因此，整合该区域教学资源，使之更好地服务于皖江城市带承接产业转移示范区建设已成大势所趋。

## 二、芜湖、马鞍山、铜陵三市四校教学资源配置的现状

### 1. 四校教学资源配置基本情况

根据我们对皖江城市带芜湖、马鞍山、铜陵三市四校（芜湖职业技术学院、马鞍山职业技术学院、马鞍山师范专科学校、铜陵职业技术学院）教学资源配置情况的调查，截至 2015 年 12 月，四校在校学生 43 392 人，教学仪器设备和实训设备价值达 10 000 多万元，各类图书 338 万册，专任老师 1269 人，兼任教师 273 人，外聘教师 532 人。四校聚集了大批优秀教师，其中教授 37 人，副教授 283 人，讲师 664 人，其他高级职称 72 人。教师队伍中专任教师有高级职称的 469 人；"双师型"教师 974 人，占比为 77%；国家教学名师 1 人，省级教学名师 12 人，省级专业带头人 45 人。教师资源呈现出学历职称高、"双师"比例大、专业能力强、行业影响广、队伍年轻化等特点。

四校的实训基地建设紧密围绕人才培养模式改革展开，形式多样，内涵丰富，有校内实训室 307 个，校内实训基地 197 个，校外实训基地 1038 个，其中本市 640 个，长三角、珠三角 50 个。各院校普遍建立起了与课程相配套的校内实训室，核心课程

的实训室配套率达到 90％，实训室使用率达到 78％，在教学过程中发挥着重要作用。各院校的实训室基本在最近 3 年内新建或扩建，且均按较高标准建设，设施完善，功能健全，能配合完成各种形式的课堂教学。校内实训室基本上按全真的要求建设和管理，为学生提供了丰富的实习内容。各院校校外实训基地普遍呈现规模较大、品牌较强、规格较高的特点，各院校在选择和建设校外实训基地时投入了较大的人力和财力，在合作机制、管理体制等方面进行了积极的探索，获得了很多行之有效的经验。各校均有一批教学资源可以对外共享，比如芜湖职业技术学院的数控、钳工、汽车维修、园林、计算机、建筑、电工、会计、电商，马鞍山职业技术学院的微格教学实训中心、音舞表演训练中心、计算机应用基础实训中心、三维情境导游训练室、形体礼仪训练中心、电销实训中心、电子商务实训中心、就业创业教育培训中心，马鞍山职业技术学院的实习工厂、汽修车间等校内实训资源以及大部分校外实训基地都可以对外共享。同时各校也希望共享其他院校的一些实训资源，如马鞍山职院须共享制造类专业、财经类专业、旅游类专业实训资源，马鞍山师专亟须共享全国职业院校技能大赛相关赛项的指定设备、计算机网络技术校外实训基地、计算机多媒体技术校外实训基地、艺术设计校外实训基地、服装设计校外实训基地等校外资源，铜陵职院亟须共享汽车类校外实训资源等。

四校的专业及课程资源较丰富，教材、实训手册、培训包等形式新颖，课程资源各具特色，四校共有专业 206 个，国家级特色专业 10 个，省级特色专业 36 个，拥有机电、学前教育、音乐教育、数控技术、电气自动化技术、机电一体化技术、动漫设计与制作、会计、护理等优势专业，财经类专业群、观光农业、旅游工艺品设计与制作、汽车检测与维修技术、食品营养与检测、物流管理、老年服务与管理等专业比较薄弱，须要进一步深化师资队伍建设，特别是"双师型"教师队伍建设，加强校企合作，改善实践教学条件。四校现有国家级精品课程2门，省级精品课程20门，网络课程159门，教学资源库40个，国家规划教材19本，省级规划教材15本。四校以课程建设为核心发展思路，把课程建设推上新的高度。芜湖职院依托奇瑞汽车集团，在汽车领域具有一定优势，汽车构造与拆装、电子产品生产与制作为国家级精品课程。

2. 四校教学资源配置存在的问题

（1）整体可配置资源不足。大部分高职院校由中专、成人高校、职工大学等升格、合并或转制建立起来，先前的人才培养目标、要求与高职学院有着很大区别，师资力量、实验实训设备、图书资料、教学设备等与高职院校的要求很不适应。这批学校原先没有高等教育，甚至没有职业教育的办学经验和办学能力，教学资源积累并不充分，虽然国家加大了对高职教育的投入，但由于学校基础差，短期内无法形成一定的积累和较强的教学科研、社会服务能力。

安徽省对高职的拨款参照普通本科教育标准的一定比例划拨，但人均拨款尚不能足额到位。此外，由于高职院校社会知名度、服务能力等的不足，经费自筹能力相对较弱，造成了经费的欠账较多。从四校情况来看，芜湖职业技术学院为国家级示范高职，加之地处经济比较靠前的芜湖市，财政支持力度较大，社会基础较好，在经费、资源等方面具有明显的优势。从调查情况看，专任教师中硕士学历的比例低于教育部标准，正高以上职称教师普遍较少；教学仪器设备也极不平衡，芜湖职业技术学院拥有图书资料164.97万册，而马鞍山职院、马鞍山师专均只有32万多册。这样的教学资源与高职教育强调的实践课时占总教学课时50％以上，教学计划中规定的实训实习课的开出率要在90％以上，所有专业必须在校内拥有相应的技能训练、模拟操作场所和稳定的校外实习实践活动基地三个层次的实训条件等要求相比，尚有较大差距。特别是"双师型"教师培养需要一定的时间，实习实训师资严重不足。

（2）教学资源特色不够鲜明。高职教育的人才培养应基于工作过程或工作岗位，但仍有部分院校的专业设置过于宽泛，亦步亦趋地跟随本科院校的路子走，不能体现高职教育的特点，不能体现当地产业集群优势。芜湖职院所在的芜湖市产业集群优势产业为汽车及零部件、材料、电子电器、电线电缆；主导产业是汽车及零部件、材料；战略性新兴产业是机器人及智能装备、新型显示及光电信息、新能源汽车、现代农业机械、通用航空、新材料产业。芜湖职院专业设置分成汽车、自动化、土建、材料、化工、民航、会计、旅游等38个二级学科门类等大类，与地方经济的契合度较高。马鞍山市产业集群优势产业为钢铁制造、汽车及零部件、装备制造、电力能源、精细化工、食品加工；主导产业是钢铁制造、汽车制造、装备制造；战略性新兴产业是新材料、新光源、新能源、电子信息、生物医药、节能环保。铜陵市产业集群优势产业为铜产业、化工产业、电子产业、装备制造、新能源等；主导产业是铜加工、化工、电子、建材、纺织和装备制造；战略性新兴产业是铜基新材料、先进装备制造、节能环保、新能源、现代物流业、文化创意等。铜陵职院专业设置除少数相关专业外，与地方经济的契合度均不是太高。这种情况下教学资源的建设就存在很大程度的照搬照抄、大同小异的情况，学校的实训设施、师资等不能形成鲜明的特点，无法形成与同行相区别的核心竞争力，无法服务于地方经济。在新一轮高职教育改革浪潮中，各院校非常注重提高专业档次，提升办学品位，使得很多专业的定位不约而同地趋向于向沿海城市靠拢。

（3）教师资源配置困难。从师资结构上看，出于对高学历、高职称的追求，教师队伍的整体质量较以前有所提升，但是学校一旦引进专家、教授后，如何用好这些人，发挥最大的效能成了一个大问题。出现这种现象的主要原因是高职院校用人机制存在严重的问题，人才流动不畅，团队关系僵化。高职院校在人事管理上受体制的制约，在招聘、竞岗、薪酬、辞退等方面自主性非常差，教师不仅与外部的交流非常困难，内部的正常流动也不容易。高职院校在内部管理上套用行政机关的科层管理方式，由上而下分配资源，形成了注重行政级别而轻视学术权威的现象，影响了教师对学术和技能的追求，也破坏了教师之间的信任和合作关系，难以形成有核心竞争力的教学团队。

在校企合作的人才培养模式下，四校共有企业兼职教师 832 人，企业兼职教师已经成为教学工作中的主力军。由于学校无法对企业兼职教师进行有效的制约和监管，所以兼职教师的教学水平难以得到保证。例如，在学生顶岗实习期间，企业兼职教师往往对学生重使用轻培养，学生实习的效果难以达到学校的预期和学生的期望。

此外，专任教师脱离行业发展的实际，不但不能在行业发展中起引导作用，而且不能及时跟随行业的发展更新自己的知识库。例如，市场营销专业教师大都没有实际从事营销的经历，难以适应市场营销发展的趋势，教师与行业发展严重脱节。

（4）实训资源配置失衡。①设备专业化，适应性降低。高职院校在专业设置上呈现出"工种化"的趋势，把培养目标直接定位在具体的工作岗位上，以实现毕业生与工作岗位直接对接。为了实现对学生某一关键技能的高强度训练，学校须要采购大量同一型号的设备。随着制造业自动化程度不断提高，设备更加复杂、精密和集成，且往往以生产线的形式出现，这些一体化的设备引入实训室后，就成为"固定"资产。马鞍山职业技术学院与马鞍山技师学院合并后，拥有世行贷款项目支持的大量设备，由于设备升级较快，很多设备已经落后，难以跟上行业发展的步伐。在现代服务业的实践教学中，为了塑造全真的职业环境，须要对实验实训室进行大规模的装修，并引进相应设备。②装备高档化，资金大量沉淀。目前沿江各市纷纷进入经济转型期，加上劳动力成本的大幅提升，企业的装备更新换代的步伐非常快。高职院校为了避免实验实训装备过快淘汰，提升学校的档次，在采购设备时不惜血本，坚持"适度超前"建设实验实训室。由于部分设备功能单一，利用率低，甚至成了装点门面、专供参观的摆设，投入和产出严重不成比例，致使大量的资金沉淀在实验实训装备上。③校内实训基地全真环境难成真。很多高职院校的校内实训基地设施一流，在硬件上与真实的职业岗位并无不同，做到了"全真"，如真正的标准客房、餐厅、旅行社、汽车修理、园林园艺、3D实训室等，而模拟终究是模拟，很多校内实训基地只有"全真"之表，而无"全真"之实，并不能很好地为学生提供职业磨砺的机会。

（5）外部资源利用不充分。高职院校在师资上强调外聘行业专家和技术能手，并要求达到一定的比例；在课程上强调与行业或工种结合，要求与就业岗位对接；在设备的利用上要求到企业现场教学或顶岗实习。但由于各种因素的制约，高职院校实际对外部教学资源的利用十分有限，而且远没有形成与外部资源嫁接的机制。

3. 四校呼唤教学资源整合优化

调查中，四校均对教学资源跨校整合优化表现出了一定的期望和形成了较好的建议。

马鞍山职业技术学院认为，教学资源的整合优化必须坚持政府主导，制定优惠政策；校际合作，发挥各自特色；盘点优势，厘清职责范围；制度保障，建立长效机制。

马鞍山师范高等专科学校做出了有益的尝试，有些教学资源在校际实现了一定程度的共享，如学前教育专业群与马鞍山幼儿师范学校资源整合优化、计算机与软件技术专业群与皖江职教中心资源整合和优化等。这几所院校同样认为，推进皖江城市带教学资源整合优化，首先要建立健全以政府为主导、以学校为支撑、以专业为基石、以市场为手段、以法制为保障的运行机制；其次，学校要加强专业建设，着力打造强大的优势专业，利用这些优势专业的核心作用来构建资源跨校整合优化的引力场；再次，要加强专业、课程、实训基地等标准化建设，为资源跨校整合优化确立规范，奠定基础；最后，就可行性来说，空间范围不宜过大，同城职业院校资源跨校整合优化可能会更实际一些。

芜湖职业技术学院则认为可以利用联盟平台整合资源，合作发展，定期召开 A 联盟（安徽省示范性高等职业院校合作委员会）、市属高职联盟教学改革、招生考试、专业建设等研讨会；利用安徽省信息化教学大赛平台，推动全省高职院校信息化教学改革。

2015 年 10 月，安徽铜陵职业教育联盟正式成立，联盟内各成员单位之间共享教学资源，效果正在逐步展现。铜陵职业技术学院认为，皖江城市带承接产业转移，城市之间、高校之间的资源共享必不可少。随着先进的计算机网络、数据资源库等技术的发展，时间和地域的限制变得越来越小，城市之间、高校之间的资源共建、共享也日渐方便，这也是大势所趋。但就目前的状况和形势，资源整合优化尚处于探索阶段，须要借鉴国内外取得成功的地区的宝贵经验，再结合皖江城市带实际情况，组建联盟积极探索尝试。

## 第二节　皖江城市带高职院校教学
### 资源跨校整合优化的现状

为进一步践行科学发展观，建立合作机制，推动安徽高教强省和职教大省建设步伐，安徽省在资源整合方面也做出了一些有益的尝试，先后成立了商科联盟、A 联盟以及安庆职教联盟等合作组织，旨在构建安徽省示范院校交流与合作平台，引领和深化高等职业教育的改革与发展，实现开放办学、优势互补、互惠互利、资源共享，着力提升核心竞争力和办学效益，主动适应、服务和引领安徽省经济社会发展，为实现安徽奋力崛起做出积极的贡献。

（1）安徽省示范性高等职业院校合作委员会（A 联盟）。2009 年 5 月成立，经安徽省教育厅同意，A 联盟为在省教育厅支持和指导下自发形成的省级以上示范性高等职业院校校际合作组织。成员有芜湖职业技术学院、安徽职业技术学院、安徽水利水电职业技术学院、安徽机电职业技术学院、安徽电气工程职业技术学院、安徽交通职业技术学院、淮南职业技术学院、安徽商贸职业技术学院、阜阳职业技术学院、安徽工业经济职业技术学院、安徽医学高等专科学校、安徽汽车工业技师学院。联盟旨在优化高职教育资源配置，提升办学效益与竞争力，培养适应社会需求、人民满意的高级技能人才，繁荣安徽高职教育事业，推动安徽高教强省和职教大省建设步伐，促进安徽经济建设和社会发展，推进安徽快速崛起。

（2）安徽省商科高职院校与企业合作教育联盟（商科联盟）。2011 年 4 月成立，商科联盟为由安徽省教育厅牵头，以综合实力较强的商科高职院校为龙头，商科高职院校、部分商科类专业较多的高职院校、骨干企业等单位自愿参加，按照平等自愿、互惠互利的原则，以契约形式组成非营利性校际、校企合作组织。联盟不具备法人资格，旨在贯彻落实"国家中长期教育发展规划纲要"精神，服务安徽省经济社会发展，通过整合我省商科高职教育资源，实行工学结合、校企合作，实现联盟人才、智力、技术、设备等方面的资源共享和优势互补，充分发挥群体优势、组合效应和规模效应，实现"合作办学、合作育人、合作就业、合作发展"。

（3）安庆职教联盟。2013 年 12 月成立，安庆职业教育联盟由安庆市教育局牵头，依托安庆职业技术学院，联合安庆市产业园区、行业协会、大中型骨干企业、职业院校、职业技能培训机构等，按照"统筹发展、资源共享、优势互补、合作共赢"的原则组成。目前，安庆职业教育联盟已经有加盟单位 79 家，其中企业 56 家、行业协会 2 家、科研机构 2 家、职业院校 19 家。联盟旨在打造开放共享的信息沟通、产业对接、人才培养、科研服务、交流合作的平台，形成区域职业教育发展上的整体性优势，有助于全面提升安庆职业教育服务经济社会发展的能力。

（4）宣城市职业教育联盟。2013 年 12 月成立，宣城市职业教育联盟下属 15 所职业学校、9 家市属重点骨干企业、7 家校联企业、3 家培训机构等 39 家理事成员单位。组建宣城市职业教育联盟，对于加强市级政府统筹，推动职业教育资源优化配置、集约化发展，提升区域职业教育的改革和发展水平，更好地服务经济社会发展，必将产生积极而深远的影响。宣城市职业教育联盟旨在坚持政府主导、学校引导和企业支持相结合，使市场在资源配置中起决定性作用；围绕职业教育特点，按照培养高素质技工人才的要求，把职业教育真正地办成为产业经济发展、为社会需求服务的重要支点；引进优秀的教师资源，打造一支符合职业发展要求的师资队伍，强化实际操作技能教育，把课堂延伸到企业，开设更多符合企业发展的课程，真正把"订单教育"落实到教学和毕业生就业两个方面。职教联盟把全市的职业教育资源统一起来，促进联盟形式和内容的结合，为制造宣城、创造宣城、创新宣城发挥作用。

（5）铜陵职业教育联盟。2015 年 10 月 22 日成立，为加快推进现代职业教育体系建设、增强职业教育服务经济社会发展的能力，铜陵职业教育联盟正式成立。该联盟以区域龙头企业为主导，由院校、行业、企业和科研机构等在平等协商的基础上，自愿加入而形成的非营利性机构。成员单位性质和管理体制不变，实行理事会制，下设应用技术研究、技能培训鉴定等 5 个中心。依托职业教育联盟，铜陵市将逐步整合教育资源，通过产学研合作，打造与地方经济发展相适应的特色职业教育，培养更多高素质职业技能人才，为企业发展和区域经济增长提供人才支撑，提高联盟成员单位的市场竞争水平。

## 第三节　皖江城市带高职院校
## 教学资源跨校整合优化的问题

安徽省政府及相关管理部门非常重视高职教学资源的整合优化问题，也做过一些有益的尝试，除成立"A 联盟""商科联盟"及"安庆职教联盟"外，针对本科应用型高校的"行知联盟"，针对行业的"医学联盟"和"高师联盟"，都在一定的范围起到了一定的作用，为整合安徽教育资源、推动安徽社会经济发展做出了一定的贡献。但是，从皖江城市带高职院校现状来看，整合优化教学资源仍然存在着以下问题：

（1）缺乏实质性的整合举措。"A联盟""商科联盟"是由政府牵头、综合实力较强的相关院校的强强联合，缺乏与资源优势不明显的高职院校的协作，并且是从全省统筹考虑，专门针对皖江城市带范围的整合优化举措不多。安庆职教联盟的成立为区域内教学资源整合优化提供了可供借鉴的模式，但接下来的具体操作能否卓有成效，仍须各方共同努力。

（2）缺乏对区内各高职院校教学资源实际情况的具体、全面的调查。由于缺乏对区内高职院校各项优势教学资源和各高职院校的需求的系统调查，整合目标不明，无法制订具体措施。

（3）缺乏整合、共享意识。皖江城市带高职院校由于区域因素影响，各利益主体的合作动机和价值取向未必一致，因而缺乏整合优化意识。由于利益驱动，一些拥有优质资源的学校不愿意将自己的资源共享，整合优化教学资源难度很大。

（4）缺乏整合的成功模式，部分教学资源整合难度大。由于地域、资源方面的差异，教师资源、实训基地、教学设施等资源的整合成本较高，整合难度大，亟须构建皖江城市带高职院校教学资源整合优化的成功模式，系统提出高职院校教学资源共享与合作的主要形式、主要内容和运行机制。

（5）缺乏健全的整合优化资源的各方面服务机制。这些服务机制主要表现在，户籍制度和社会保障制度限制了人力资源的自由流动，信息服务平台还有待建设与完善，"行政区划观念""人才流失观念"等观念壁垒亟须冲破。

（6）缺少省级层面区域教学资源整合优化指导协调机构。针对现实难题，制定相应政策；建立合作办学专项资金，经费由多方共担、财政补贴；拓展和加深合作领域，特别是教育教学领域的专业建设和课程建设、师资、管理等多方面的优势互补。

# 第五章　利益相关者视角下皖江城市带高职院校跨校教学资源整合优化的驱动力分析

## 第一节　利益相关者理论

### 一、利益相关者理论概述

利益相关者理论产生以前，人们理所当然地认为固定式企业的所有者，利益相关者理论保障了所有为企业投入资源的个人或群体，而不仅仅是注入物质资本的股东。

股东中心理论认为，股东是企业的所有者，企业的财产是由他们所投入的实物资本形成的，他们承担了企业的剩余风险，理所当然成为企业剩余索取权与剩余控制权的享有者（Grossman&Hart，1986；Hart&Moore，1990）。利益相关者理论认为，企业应是利益相关者的企业，包括股东在内的所有利益相关者都为企业的生存和发展注入了一定的专用性投资，同时也分担了企业的一定经营风险，或为企业的经营活动付出了代价，因而都应该拥有企业的所有权（Freeman，1984；Blaire，1995，1998）。"利益相关者"这一词最早被提出可以追溯到1927年，通用电气公司一位经理的就职演说中首次提出公司应该为利益相关者服务的思想（刘俊海，1999）。

基于公司的出资不仅来自于股东，而且来自于公司的雇员、供应商、债权人和客户，后者提供的是一种特殊的人力投资。因此，利益相关者理论学者指出，公司本质上是一种受多种市场影响的企业实体，而不应该是由股东主导的企业组织制度，股东并不是公司唯一的所有者（Donaldson&Preston，1995），其否定了"股东利益至上"的观点。公司的股东并没有承担理论上的全部风险，而其他利益相关者有的分担了企业的经营风险，有的为企业的经营活动付出了代价，有的对企业进行监督和制约，企业的经营决策必须要考虑他们的利益或接受他们的约束。其他利益相关者包括企业的债权人、雇员、消费者、供应商等交易伙伴，也包括政府部门、本地社区、媒体、环保主义等压力集团，甚至包括自然环境、人类后代等受到企业经营活动直接或间接影响的客体。

费瑞曼（Freeman）在1984年给出利益相关者的经典定义，即"利益相关者是指那些能影响企业目标的实现或被企业目标的实现所影响的个人或群体"，并从所有权、经济依赖性和社会利益三个不同角度对企业利益相关者进行分类，即所谓的多维细分法：所有持有公司股票者是对企业拥有所有权的利益相关者，对企业有经济依赖性的利益相关者包括经理人员、员工、债权人、供应商、消费者、竞争者、地方社区等，与公司在社会利益上有关系的则是政府、媒体等。卡拉克森（1994）进一步加强利益相关者与企业的联系，强调专用性投资，认为"利益相关者以及在企业中投入了一些实物资本、人力资本、财务资本或一些有价值的东西，并由此而承担了某些形式的风险；或者说，他们因企业活动而承受风险"，这样就排除了一些集体或个人如媒体，使利益相关者的界定更加具体和集中化。

米切尔（Mitchell）认为，作为利益相关者必须具备三个条件：①影响力，即某一群体是否拥有影响企业决策的地位、能力和相应的手段；②合法性，即某一群体是否被法律和道义赋予对企业拥有的索取权；③紧迫性，即某一群体的要求能否立即引起企业管理层的关注。基于这三个特征的不同组合产生不同类型的利益相关者，分为三类：①确定型利益相关者，这一群体同时拥有对企业的影响力、合法性和紧迫性，包括大股东、拥有人力资本的管理者等；②预期型利益相关者，其拥有对企业属性的两项，具体为关键、从属和危险利益相关者；③潜在利益相关者，是指只拥有企业属性中的一项的群体，具体有蛰伏利益相关者、或有利益相关者以及要求利益相关者，该群体能否拥有企业属性的其他两项是由企业的运行情况决定的。任何利益相关者，并不是一直确定不变的，在企业发展不同阶段可以由一种类型的利益相关者转化为另一种类型。

陈宏辉（2003）则从利益相关者的主动性、重要性和紧急性三个方面，将利益相关者分为核心利益相关者、蛰伏利益相关者和边缘利益相关者三种类型。

利益相关者理论可以在契约理论和产权理论中找到理论根基。费瑞曼等提出，"企业是所有相关利益方之间的一系列多边契约"，契约的主体可以是管理者、雇员、顾客、供应商等，他们都向企业提供了特殊资源，当然应有相应平等谈判的权利。平乔维奇则认为"把产权与人权分离开是错误的"。利益相关者理论还可以在企业的目标上找到理论基础。当今时代，人力资本专用性变强，在企业里发挥着重要的作用，承担的风险也随之变大，因此，人力资本应该分担剩余。企业从"投入—产出—运作"模型来看（如图5-1所示），利益相关者关于企业的目的就是所有投资者的回报最大。

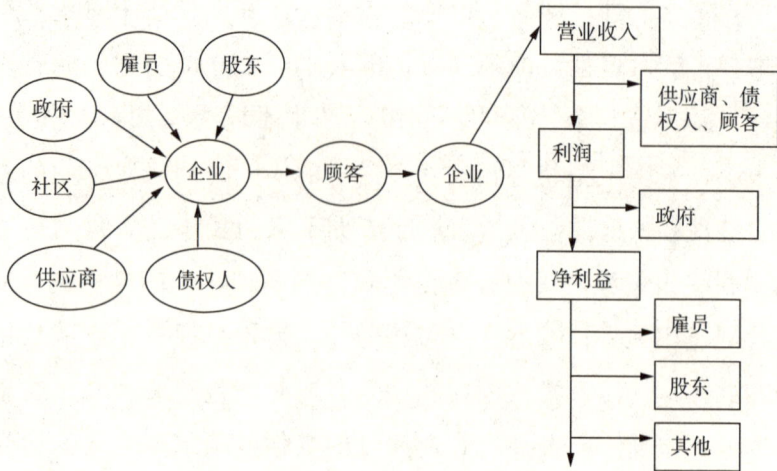

图5-1 企业"投入—产出—运作"模型

## 二、利益相关者理论在国内外的应用

### 1. 国内

国内对于利益相关者理论的研究始于20世纪90年代，

最具代表性的是杨瑞龙等学者的研究。杨瑞龙提出的"从单边治理到多边治理"的概念是对利益相关者治理的一个很好的概括，其结合我国国情提出"共同治理"，即企业不仅要重视股东的权益，还应重视其他利益相关者对经营者的监控；不仅要注重经营者的权威，还要关注其他利益相关者的实际参与。利益相关者的外部治理机制是公司治理机制中极为重要的一个方面。周其仁（1996）提出了"企业是人力资本和非人力资本的一个特别市场合约"的命题。他认为"企业里人力资本与非人力资本一样享有产权，因而企业的所有者不应该只有非人力资本者"。方兰竹（1997）认为非人力资本在现代经济中容易退出企业，人力资本的专用性和团队化使其成为企业的真正风险承担者，因而应"劳动雇佣资本"。

2. 国外

20世纪60年代，奉行企业相关理论的德、日等国经济迅速崛起，而坚持股东中心理论的英、美等国经济日益下滑，造成这一局面的原因之一就是"股东利益至上"理论的局限性。利益相关者理论是指企业的经营活动注重公司利益相关者的利益要求，并充分融合人本主义管理思想（Anki，1984；Blair，1995）。20世纪70年代，全球开始关注企业在法律、环境保护、道德和慈善等方面的社会责任（刘俊海，1999）。这一思想使企业在进行获利活动的同时，需要关注社会公众、社区、自然环境等其他利益相关者的利益。20世纪80年代，美国爆发了敌意收购的浪潮。敌意收购即把除股东外的其他利益相关者的利益转移到了股东的名下。为此美国宾夕法尼亚州于1990年3月27日通过了《宾夕法尼亚州 1310 法案》，并将其作为该州公司法的修正法案，来保障其他利益相关者的权益。该法案标志着美国开始接受利益相关者理论。

在公司的治理中纳入利益相关者，使企业更着重于对长期目标的追求和持续发展；利益相关者会更加关注企业的发展，从而减少了监督激励成本和机会主义行为；利益相关者与企业形成一种基于信任的长期稳定的合作关系，这将大大减少交易成本和由于信息不对称带来的成本。企业与客户、供应商之间建立稳定的合作关系，形成了企业的核心竞争力，这是竞争对手难于模仿或直接取得的。

## 第二节 资源整合优化利益相关者的驱动力

2012 年，教育部与安徽省政府签订了共建"皖江城市带承接产业转移国家职业教育改革试验区"的战略合作协议。试验区建设以来，皖江城市带高职院校积极探索发展路径，优化教学资源，打造特色优势，服务地方经济的能力迅速提升。省示范性高职院校合作委员会、商科联盟等创新性的校际合作新模式为区内高职院校教学资源整合优化、抱团发展、合作共赢提供了较好的范例，各高职院校也积极探讨校际资源整合优化的有效模式。2015 年初安徽省教育厅推进职业教育"市级统筹"，进一步倡导高职院校合作共赢、抱团发展，教学资源整合优化业已成为各方共识。然而，由于高职院校之间资源的明显差异，各相关参与方的角色及利益要求的不同，整合优化教学资源步履维艰，进展缓慢，实质性的举措不多。为进一步推进皖江城市带高职院校教学资源整合优化工作，笔者试图用利益相关者理论对整合优化的驱动力进行分析，为探索整合优化皖江城市带高职院校教学资源的有效路径厘清思路。

## 一、整合优化利益相关者的界定

弗瑞曼认为"利益相关者是指那些能影响企业目标的实现或被企业目标的实现所影响的个人或群体"，这是目前学术界普遍采用的定义。米切尔进一步指出，作为利益相关者必须具备三个特征：①某一群体是否拥有影响企业决策的地位、能力和相应的手段，即权力性；②某一群体是否被法律和道义上赋予对企业拥有的索取权，即合法性；③某一群体的要求能否立即引起企业管理层的关注，即紧迫性。米切尔根据利益相关者对三个属性的拥有情况进行评分，把利益相关者细分为三类：①同时拥有对企业的权力性、合法性和紧迫性，为确定型利益相关者，包括大股东、拥有人力资本的管理者等；②拥有对企业属性的两项，为预期型利益相关者，包括投资者、雇员和政府部门；③拥有企业属性中的一项的群体为潜在型利益相关者，具体有蛰伏利益相关者、或有利益相关者以及要求利益相关者。

探讨皖江城市带高职院校教学资源整合优化的驱动力问题，首先必须解决的核心问题是"谁是教学资源整合优化的利益相关者"。因此，必须对各利益相关者进行界定和分类，以便通过对教学资源优化过程中各相关方动因分析，找出资源整合优化的合理途径。

根据利益相关者的定义，我们认为影响高职院校资源整合优化这一目标实现并受这一目标实现影响的相关者包括区内高职院校、资源整合指导协调机构、政府、行政主管部门、办学企业、学生、教师、学校管理人员、行业、企业、区外高职院校、学生家庭、媒体、社会公众等，而这些利益相关者在资源整合优化中所具备的特征是不同的，即对权力性、合法性、紧迫性的拥有程度存在差异，而这些差异的存在导致其对教学资源整合优化的驱动力的不同，进而影响教学资源整合优化的顺利进行。笔者借助米切尔的评分法对高职院校整合优化的利益相关者进行分类，见表 5－1 所列。

表 5－1　高职院校整合优化的利益相关者界定

| 利益相关者类型 | 利益相关者 | 权力性 | 合法性 | 紧迫性 |
|---|---|---|---|---|
| 确定型 | 区内高职院校 | √ | √ | √ |
| | 资源整合指导协调机构 | √ | √ | √ |
| 预期型 | 政府 | √ | | √ |
| | 行政主管部门 | √ | | |
| | 办学企业 | | √ | √ |
| | 学生 | | √ | √ |
| | 教师 | | √ | √ |
| | 学校管理人员 | √ | √ | |
| | 行业 | | | √ |
| | 企业 | | | √ |
| 潜在型 | 区外高职院校 | | | √ |
| | 学生家庭 | | | √ |
| | 媒体 | | | √ |
| | 社会公众 | | | √ |

　　表5-1表明，区内高职院校是资源优化的主体，拥有对学校资源配置的决策权，可根据本身资源状况在资源整合优化中发挥着自身的作用并从中获益；不同层面的资源整合指导协调机构承担制定高职院校教学资源整合优化的整体规划，对资源配置优化发挥引领作用，协调各利益主体的合作动机和价值取向，使资源配置优化工作有序进行，让参与各方获得相应利益。因此，高职院校和不同层面的资源整合指导协调机构拥有利益相关者的三重特征，构成了确定型的利益相关者。政府、行政主管部门、办学企业作为资源整合优化的组织者、协调者，承担对资源整合优化的规划、协调、指导、监督和服务的工作，并为之创造良好的环境；学生、教师、学校管理人员、行业、企业是资源整合优化的获益者，其要求会对管理层的决策构成影响。政府、行政主管部门、办学企业、学生、教师、学校管理人员、行业、企业等群体共同构成了预期型利益相关者。区外高职院校、学生家庭、媒体、社会公众等群体通过各种方式影响高职院校资源整合优化，是潜在型的利益相关者。

## 二、资源整合优化利益相关者的利益目标

### 1. 共性利益目标

　　从各利益相关者角度而言，皖江城市带高职院校整合优化教学资源虽然目标各异，但由于这种整合以"互惠互利、优势互补、共同发展"为理念，通过有效途径，建立了皖江城市带高职院校教学资源跨校整合优化的模式，因而，各利益相关者具有共性的利益目标。具体表现在以下几方面：

（1）追求皖江城市带高职院校合作共赢。皖江城市带高职院校管理体制不同，教学资源配置不平衡，打破校际界限，充分发挥教学资源的整体效益，有利于我省高等教育的整体发展。跨校整合教学资源，实现资源共享可以提高资源利用率，改变一些院校长期存在的实验室、仪器设备闲置的状况，同时可以避免部分院校低水平的重复建设。充分整合优化区内院校软硬件教学资源，最大限度发挥资源共享的作用，必将有效提高皖江城市带高职院校的办学效益。

（2）实现皖江城市带高职院校的可持续发展。在教育大众化背景下，皖江城市带高职院校进一步通过整合和提升，优化了教学资源发展环境，有效地拓宽了高校发展空间，促进了资源共享和办学效益的提高，有利于形成规模效益。同时，区内高职院校资源的整合优化是增强核心竞争力、应对生源下降的有力举措，有利于高职院校的可持续发展。

（3）缓解教育资源严重不足又严重浪费的弊端。由于我省各级办学主体对高职教育投入总体不足，加之高职院校自身发展迅速、高职教育运行成本较高等客观原因，办学经费短缺，尤其是实训教学经费严重不足已成为高职院校普遍存在的问题。一方面，区内部分高职院校教学资源缺乏，且分布不均；另一方面，一些高职院校的教学设备年开机时数少，设备利用率低，导致投资效益差，资源浪费。整合教学资源，建立区内高职院校优质资源共享体系，可以以最少的投入实现资源效益的最优化，减少院校教育资源的总投入，解决因教育总体投入不足或因学院专业发展不均衡而引起的资源短缺及资源浪费的问题，使区内各高职院校的人力、物力、财力资源得以合理利用，避免重复投资，缓解教育资源不足的现状。

（4）提高学生的学习效果，增强学习兴趣。区内高职院校整合教学资源，能有效发挥名校、名师、名课等优势，提高学生综合素质和能力。学生可以进入不同的院校学习，感受不同的学术氛围，聆听高水平专家、教师的教诲，能有效提高自身的素质、能力。同时，区内高职院校整合教学资源，可以扩大学生跨学科、跨校学习的范围。学生有机会走出校门，按照个人能力选择学习内容，优化知识结构；可以感受不同的校园文化，扩大眼界，拓展知识面，从而提高自身的创新思维能力和市场竞争力。这些措施必将提升高职院校整体的教育教学质量。

（5）促进校际合作交流，增强核心竞争力。区内高职院校整合优化教学资源，实施优质教学资源共享能够促进院校间教学管理方面的合作，使区内高职院校的教学管理部门对人才培养方案制订、课程设置、选课形式等方面进行多角度研究与协商；通过对院校的人才培养方案、课程指标体系等具有可参照性的教学文件进行对比分析，克服院校在教学管理工作上的盲目性和偶然性。各高职院校的学生管理工作部门在充分发挥本校管理工作优势的同时，探索和制定新的学生管理办法，使学生管理工作既有章可循又有的放矢。同时，整合优化教学资源还可为不同高职院校教师构筑相互观摩的平台和竞争的场所，使所有高职院校教师的学术水平得到整体提升，从而增强高职院校核心竞争力。

2. 个性利益目标

虽然具有共性的利益目标，但三种类型的利益相关者在个性利益目标上同样也呈现出不同的特征。

（1）确定型利益相关者的利益目标。从确定型利益相关者的角度，区内高职院校和政府层面的资源优化整合的指导协调机构试图通过区内教学资源整合，使教学资源利用更加科学，办学条件更加完善，教育质量更加优良，教育结构更加合理。全区高职教育全面推进，构建起与皖江城市带经济社会发展相适应的高职教育集群，真正达成充分利用教学资源、避免重复建设、优势互补、提高教学质量、培养合格高职人才的目标，为发展高职教育做出最大贡献。

（2）预期型利益相关者的利益目标。从预期型利益相关者的角度，政府、行政主管部门希望通过资源整合优化实现资源的充分合理利用，促进公平，保障就业，实现职业教育跨越发展。教育部与安徽省政府共建"皖江城市带承接产业转移国家职业教育改革试验区"，安徽省教育厅推进职业教育"市级统筹"，进一步倡导将高职院校合作共赢列为今后几年的工作重点，这些举措都是其利益目标的具体体现。民办高职院校投资主体的企业试图通过资源整合优化，实现资源配置的合理利用，打造品牌，提高办学质量，实现投入产出最大化。学生、教师、学校管理人员、行业、企业是资源整合优化的获益者，其利益目标也体现出一定的差异：学生希望通过资源的整合优化，享受到优质教育，享有最优的教师、实习实训基地、课程资源，使技术技能得到提升，真正学有所用，成为社会需要的人才；资源整合优化能使教师资源有序流动，提高教师工作效率，展现教师才能，提高教师幸福感和工作成就感；对于行业、企业而言，一方面，它们希望学校能够提高教学质量，培养行业企业需要的技术技能型人才，改善实习实训条件，降低企业人才培训成本，而对是否进行资源整合不甚关切；另一方面，一些高职院校的实习实训基地企业，希望通过和众多高职院校共享实习实训资源，提高企业声誉和对人才的吸引力。

（3）潜在型利益相关者的利益目标。区外高职院校、学生家庭、媒体、社会公众等作为潜在型的利益相关者，它们的利益目标比较模糊。区外高职院校希望皖江城市带高职院校的资源整合优化为其提供经验，并希望加强合作，提高自身办学水平；学生家庭希望自己的孩子能得到好的教育，享受优质教学资源，学有所成；媒体和社会公众则希望本区域高职教育健康发展，打造品牌高校，服务区域经济。

## 三、资源整合优化利益相关者的驱动力分析

如前所述，资源整合优化利益相关者的利益目标既存在共性的利益目标，也存在着个性化的利益目标。正是这些利益目标的不同，决定实现其利益目标的驱动力也存在着差异。

### 1. 共性利益目标的驱动力

皖江城市带高职院校整合优化教学资源，以"互惠互利、优势互补、共同发展"为理念，通过有效途径，建立皖江城市带高职院校教学资源跨校整合优化的模式，实现合作共赢、缓解教育资源严重不足和浪费的弊端、提高学生的学习效果和学习兴趣、增强核心竞争力、实现可持续发展等利益目标，必须统筹谋划，通过建立省市级层面的指导协调机构，发挥政府引导作用，完善服务运行机制；建立教学资源信息库；整合优化教师资源、课程

资源、实习实训资源；组建职教集团，鼓励集团办学，走集约发展之路，如图5-2所示。

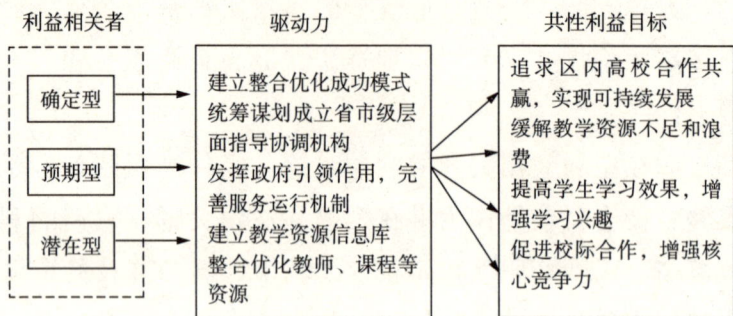

图5-2　共性利益目标的驱动力

**2. 个性利益目标的驱动力**

（1）确定型利益相关者的驱动力。确定型利益相关者要实现其利益目标，必须充分发挥省市级层面的资源优化整合的指导协调机构的引领作用，制定高职院校教学资源整合优化的整体规划，协调各利益主体的合作动机和价值取向。各高职院校积极参与，弄清区内高职院校资源实际情况，弄清优势与不足，优势互补，各取所需，促进资源均衡发展与合理利用，以获得较好的经济社会效益，如图5-3所示。

（2）预期型利益相关者的驱动力。预期型利益相关者的驱动力表现为：政府、行政主管部门实施顶层设计，提供政策法规保障，统筹谋划，促进各高职院校充分合理利用资源，推进"市级统筹"，优化资源结构，实现资源共享，保障公平，促进创业就业，实现职业教育跨越发展；作为民办高职院校投资主体的企业加大投资力度，促进学校管理水平提高，密切同行业企业的纵向

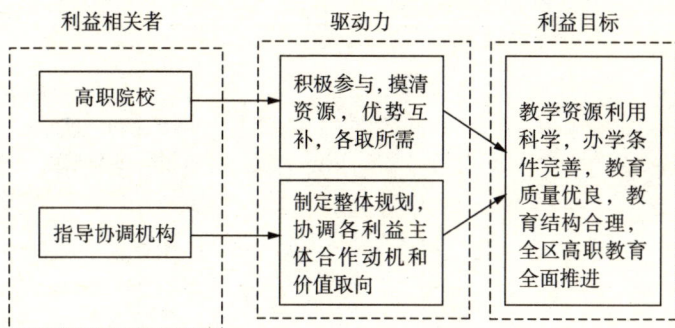

图 5-3　确定型利益相关者的驱动力

联系，加强和区内高职院校的横向合作，打造学校品牌，提高办学质量，实现效益最大化；学生通过学习专业知识，发现自己的专业兴趣，积极参加各项比赛，充分利用整合资源，实现和用人单位的零对接，成为社会需要的人才；教师提高教科研能力、实践教学能力和技能水平，开发优质教学资源，进行信息资源共享，提高工作效率，使优质师资在区内高校有序流动，实现教科研水平的共同提升；管理人员提高工作效率，服务教育教学，加强同行交流，实现管理增效；行业、企业实现其利益目标，其驱动力表现在承担社会责任，加强和高职院校的合作，参与人才培养方案制定，实行订单培养、合作培养，提供实习实训场所，开展行业办学，发布人才需求信息，从而降低企业人才培训成本，获得所需人才，如图 5-4 所示。

　　（3）潜在型利益相关者的驱动力。潜在型利益相关者由于其利益目标比较模糊，其驱动力表现得也不甚明晰。皖江城市带高职院校的资源整合优化会使区外高职院校加强与区内高校合作，提高自身办学水平；学生家庭、媒体和社会公众支持本区域高职

| 利益相关者 | 驱动力 | 利益目标 |
|---|---|---|
| 政府、行政主管部门 | 实施顶层设计，提供政策法规保障，统筹谋划，推进"市级统筹" | 充分合理利用资源，促进公平，保障就业，实现职业教育跨越发展；打造品牌，提高办学质量，实现投入产出比的最大化；享受到优质教育，提升技术技能；教师资源有序流动，提高教师工作效率，展现教师才能，提高幸福感和工作成就感；降低企业人才培训成本，吸收高技术技能型人才 |
| 学生、教师、管理人员 | 学生学习专业知识，激发专业兴趣；教师提高教科研、实践教学能力和技能水平，开发优质教学资源，进行信息资源共享，提高工作效率；管理人员提高工作效率，服务教育教学 | |
| 行业、企业 | 承担社会责任，加强和高职院校的合作，参与人才培养方案制定，实行订单培养、合作培养 | |

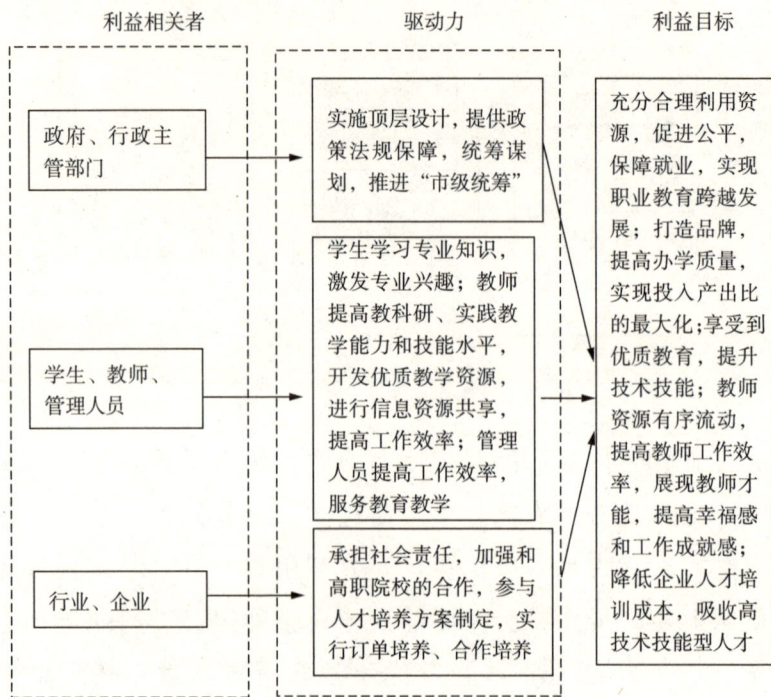

图 5-4  预期型利益相关者的驱动力

教育发展，创造良好环境，打造高校品牌，积极支持高职院校服务区域经济发展。

综上所述，有效整合优化高职院校教学资源，必须围绕资源整合优化利益相关者的利益目标，分析不同类型利益相关者的不同驱动力，才能有的放矢，采取针对性的策略措施，确实实现高职教学资源的合理利用，为职业教育发展贡献力量。

# 第六章　皖江城市带高职院校教学资源跨校整合优化的策略措施及机制创新

## 第一节　资源整合优化的基本原则

皖江城市带高职院校教学资源的跨校整合优化是为了使有限的教学资源在不同高职院校中合理使用，提高资源的利用效率和效果。合理地配置资源，需要在一定的原则指导下进行，这个原则是指在整合优化过程中，针对教学资源的有限性，对教育教学等资源进行配置时所必须依据的一定的法则和标准。具体而言，必须遵循以下几项原则：

### 一、目标导向性原则

教学资源整合与优化最直接、最根本的目标就是要提高教学效果，实现教学目标，培养适合社会需要的创新型人才。皖江城市带高职院校教学资源的整合优化以"互惠互利、优势互补、共同发展"为理念，从一开始就具备明确的目标导向，旨在通过有效途径，建立皖江城市带高职院校教学资源跨校整合优化的模式，通过区内教学资源整合，使教学资源利用更加科学，办学条件更加完善，教育质量更加优良，教育结构更加合理。全区高职教育全面推进，从而构建起与皖江城市带经济社会发展相适应的高职教育集群，真正达成充分利用教学资源、避免重复建设、优势互补、提高教学质量、培养合格高职人才的目标，为发展高职教育做出最大贡献。

## 二、全局性原则

全局性是指皖江城市带高职院校教学资源整合优化的过程中，必须站在全局的高度，统筹兼顾皖江城市带各高职院校人才培养目标和资源优化整合的总体目标，在教学资源的选择、调配过程中，按照各职业院校总体最优和满足其长期可持续发展需求的全局观念，用整体优化的观点对区内高校进行统筹规划、合理组合，打破长期条块分割的障碍。同时结合社会需求、学科基础和办学条件，对接皖江区域产业发展特点，确定各高校特色的专业培养目标，以使各种教学资源有机协调地为培养皖江区域发展所需要的人才服务。

## 三、质量性原则

注重教育质量是教育发展的永恒主题，也是实现教学资源优化配置的必然选择。皖江城市带高职院校教学资源整合与优化的关键问题是以提高教学质量为核心，充分整合各类教学资源，挖掘各校教学资源的潜力，真正提高教学质量。不同层次和不同类型的高校、不同的院系和专业有不同的人才培养目标，因此其教学资源要针对不同学校所需培养人才的差异性合理配置。学校所拥有的各种教学资源，对学校的发展、学生素质的提高都很重要，因此高职院校教学资源要结合社会的不同需要和学生的差异进行优化整合。

### 四、科学性原则

科学性原则所强调的是，要以唯物主义基本原理为指南，以科学实践反复证实的客观规律为基础。因此，要对教学资源整合与优化的对象、内容、方式进行科学论证，切忌随意拼合。

### 五、最优化原则

教学资源整合与优化所遵循的最优化原则是指如何合理组织和安排教学资源整合与优化，既要达到教学资源整合与优化的最大可能效果，又不致造成各高职院校及师生的负担过重。皖江城市带高职院校的教学资源跨校整合优化目的是通过资源配置的帕累托改进达到帕累托最优状态，使资源配置符合帕累托标准。因此，教学资源的整合优化就是要使皖江区域各高职院校在资源整合过程中全部都能不同程度受益，又不至于使任何一所参与院校利益受损。高职院校的整合优化须坚持"效益"为主的原则，高校不论大小、实力及办学条件的差异，优质的教学资源能够在区内高校合理流动，以提高资源利用效率。根据皖江区域产业发展特点及需求状况，合理设置专业结构，优胜劣汰，制约专业的盲目发展、教育设施的重复设置，从而保证皖江经济建设急需的学科和专业"吃饱"，建立资源有偿使用机制，以达到有限资源的优化配置、效率优化。

### 六、可持续发展原则

皖江城市带高职院校教学资源的整合优化事关高校的全面、协调、可持续发展,要从提高人才培养质量、满足皖江区域经济社会发展需要的角度出发,制定教学资源整合优化的长期规划。教学资源作为资源的组成部分,并非取之不尽、用之不竭。因此,避免高职院校教学资源的缺乏和枯竭,必须充分挖掘教学资源的潜力,有效地进行资源补偿与再生,保持资源的"再生产"和"扩大再生产"。在资源整合时,既要满足当前的需要,又要考虑未来发展的要求,以实现教学资源的可持续利用。教学资源整合优化要服务于经济建设和社会发展,使资源配置与人才培养、学校发展的总目标相一致。尊重教育的内在发展规律,充分发挥原有教学资源的基础优势,注重现有的内在存量资源的整合和有效利用,以及外生性变量和增量资源的开发、组合,通过资源整合提高资源利用率,引导各校面向市场,科学定位,处理好学校发展的眼前利益与长远利益的关系,将眼前利益统一在高校长远发展设计的旗帜下,使办学综合实力得到持续稳定的提高。

## 第二节　资源整合优化的策略措施

### 一、分步进行,皖江城市带同城高职院校教学资源跨校整合优化先行探索

2010年,皖江城市带承接产业转移示范区职业教育办学模式

改革被列为国家职业教育体制改革试点项目，2012 年，教育部与安徽省政府签订了战略合作协议，决定共建"皖江城市带承接产业转移国家职业教育改革试验区"。试验区建设以来，皖江城市带高职院校获得了长足的发展，已发展到 58 所，占安徽高职院校比例达 77.33％，各高职院校教学资源进一步优化，特色优势逐步显现，服务地方经济能力逐步提升。特别是省示范性高职院校合作委员会、商科联盟等抱团发展方式，创造了职业教育校际合作新模式，也为皖江城市带区域高职院校教学资源整合优化提供了较好的范例。为配合省级政府教育统筹综合改革试点工作，今后几年，安徽省教育厅将积极推进职业教育"市级统筹"工作，着手开展教育管理体制改革。因此，高职院校应不断寻求以区域经济发展为出发点，规划职教结构布局，整合优化职业教育资源的有效路径。

1. 皖江城市带同城高职院校教学资源整合优化的实践探索及存在问题

（1）皖江城市带同城高职院校教学资源现状。近年来，安徽省委省政府高度重视皖江城市带产业转移示范区高等教育，不断加大投入，区内高职教育得到迅猛发展，高等职业教育发展规模进一步扩大。除合肥外，安庆、滁州、芜湖、宣城、马鞍山、铜陵、池州、六安等八个地级市拥有 22 所高职院校，专业涉及商贸物流、机电模具、园林园艺、旅游管理、化学化工、采矿、医药卫生、戏曲、计算机、电子商务等领域，涵盖第一、第二、第三产业，涌现出一批特色专业、精品课程，实习实训条件明显改善，教师队伍建设成效显著，服务区域经济能力不断加强。然而，由于地域、历史、隶属关系等多方面原因，各高职院校在办学规模、专业设置、师资水平、学生基础、硬件条件、软件设施等方面存在较大差异。教学资源的不均衡，导致教学质量差异明显。整合优化教学资源，使同城高职院校协调发展，不断提高服务区域经济能力成当务之急。

我们选取了安庆职业技术学院、安徽黄梅戏艺术职业学院、安庆医药高等专科学校、桐城师范高等专科学校作为样本，研究皖江城市带同城高职院校跨校教学资源的整合优化。这四所高校拥有电子信息、社会事业、外语、经济贸易、机电工程、建筑工程、园林园艺、医学、药学、护理、表演、音乐、美术、舞蹈、综艺、人文、理工、艺术、教育等专业系部，开设 87 个高职专业，全日制在校生 245 00 余人，固定资产总值 15 亿多元，教学仪器设备和实训设备达 9500 多万元，各类图书 234 万册，专任教师 951 人，副高以上职称 187 人（占 20％），双师型和双师素质教师 472 人，有设施完善、设备先进的校内实验实训场所 286 个，涵盖 80％以上专业的校外实习基地 310 多个。

然而，各校资源分布并不平衡，其中，安庆职业技术学院为新科省级示范高职，2015 年 10 月又通过了地方高水平技能型大学评选，它是一所综合性高职院校，近几年发展势头迅猛，在四所高职院校中综合实力最强，在师资、课程、教材、实习实训、校企合作等方面成绩斐然。安庆医药高等专科学校、安徽黄梅戏艺术职业学院行业特色较浓，在医药、戏曲方面特色优势明显，安徽黄梅戏艺术职业学院还是全国唯一一所以戏曲命名的艺术类高职院校，培养了一大批黄梅戏优秀人才。桐城师范高等专科学校地处文化古城——桐城，文化底蕴深厚，但和其他三所高校相比，学校处在升格后的转型过渡期，特色不够鲜明，提升空间较大。

（2）皖江城市带同城高职院校教学资源跨校整合优化的实践探索。为推进职业教育"市级统筹"，同城高职院校必须抱团发展，实现教学资源的跨校整合优化，这对于提高职业教育水平，助推高职教育服务地方经济发展至关重要。同时，同城高职院校教学资源的整合优化也有利于最终实现皖江区域高职院校教学资源的整合优化，从而为皖江区域的经济发展贡献更多的力量。因此，各市都在同城高职院校资源整合优化中做出了一些有益的探索。

安庆依托安庆职业技术学院，成立安庆职教联盟。2013年12月，安庆职业教育联盟由安庆市教体局牵头，依托安庆职业技术学院，联合安庆市产业园区、行业协会、大中型骨干企业、职业院校、职业技能培训机构等，按照"统筹发展、资源共享、优势互补、合作共赢"的原则组成。目前，安庆职业教育联盟已经有加盟单位79家，其中企业56家，行业协会2家，科研机构2家，职业院校19家。联盟旨在打造开放共享的信息沟通、人才培养、产业对接、科研服务、交流合作的平台，形成区域职业教育发展上的整体性优势，以助于全面提升安庆职业教育服务经济社会发展的能力。

宣城成立职业教育联盟，职教多举措创新发展。职业教育联盟于2013年12月成立，下属15所职业学校、9家市属重点骨干企业、7家校联企业、3家培训机构等39家理事成员单位。组建宣城职业教育联盟，对加强市级政府统筹，推动职业教育资源优化配置、集约化发展，提升区域职业教育的改革和发展水平，更好地服务经济社会发展，必将产生积极而深远的影响。

芜湖两所职业技术学院合并，彰显合力。2012 年 5 月，芜湖职业技术学院与芜湖信息技术职业学院合并，校名为"芜湖职业技术学院"。合并后的芜湖职业技术学院在校生规模达到 20 000 人，实力有所提升。芜湖职业技术学院抢抓发展机遇，加强资源整合，凝练办学特色，优化专业结构，强化内部管理，不断提升教育质量、教学水平和办学效益，努力建成国内一流的示范性高职院校。此外，2014 年 12 月，芜湖市为优化中等职业教育资源配置，发挥示范职业院校的引领示范作用，将芜湖市职业教育中心、芜湖工业学校、芜湖市二坝高级职业中学整合成立为"芜湖高级职业技术学校"。

马鞍山市"两校合并"，发挥整合优化的"1＋1＞2"效应。2013 年 9 月，为适应承接产业转移的要求，也鼓励皖江城市带承接产业转移示范区 9 市 59 县（市、区）大力发展职业教育，为示范区经济社会发展提供技能型人才保障，为全省职业教育发展做出改革创新示范，马鞍山技师学院与马鞍山职业技术学院合并。两校的整合，破解了技师学院招生困局，改善了职业技术学院的实训条件，总体实力明显提高。

（3）皖江城市带同城高职院校教学资源跨校整合优化存在的问题。各校在同城职业教育教学资源整合优化上所做出的探索，在很大程度上提升了职业教育水平，有效地提高了资源利用效率，较好地服务于区域经济的发展，但是我们也应该看到同城高职院校资源整合并非一夕之功，资源整合优化还存在很多问题。要构建一个科学完整、立体化、动态高效的教学活动体系，必须得到教育主管部门的大力支持，需要各方面共同、长期努力。在实地调查中，我们发现存在以下问题：

缺乏学校层面实质性的整合举措，整合、共享意识不强。目前，职教联盟与校校合并都由政府或行政部门牵头，真正校校之间的自主整合优化举措不多。受多方面因素影响，皖江城市带同城高职院校各利益主体的合作动机和价值取向不尽相同，因而各高职院校整合共享意识不强，部分拥有优质资源的学校不愿意将自己的资源共享出来，致使整合优化教学资源难度很大。

缺乏同城教学资源整合优化沟通协调机构及制度支持，共享机制不健全。目前各高校之间合作较少，没有专人去沟通协调跨校资源整合优化，缺少沟通协调机构，合作处于一种无序状态。要实现各高职院校间的资源共享与合作，就必须制订出具体政策和制度，建立相应的教学资源整合优化沟通协调机构及共享机制，建立一套完善有效的管理体制，约束和规范各主体在资源共享中的态度与行为，但目前，各高职院校在课程互开、学分互认、教师互聘、科研教学实验设备等硬件资源共享方面，都没有行之有效的政策制度，这直接导致区域内高职院校缺乏资源共享的内在动力。

缺乏对同城高职院校"家底"了解，整合优化目标不明确。近年来，在各级政府、企业的关心、支持下，各校教学资源建设提高很快，每年的投入都不断加大，整体教学资源水平逐步提高，但重复建设现象明显，社会资源浪费严重。加之许多高职院校，虽共处同一城市，但彼此了解不多，对其他高职院校各项优势教学资源和需求缺乏了解，因而，整合优化目标不明确，很难制订具体对策措施。

缺乏整合成功的模式，整合成果须巩固。虽然马鞍山、芜湖等地高校的合并以及安庆、宣城职教联盟的成立为同城高职院校教学资源整合优化提供了可供借鉴的模式，但由于地域、资源方面存在差异，各市仍须探索更富有成效的整合模式，系统提出高职院校教学资源共享与合作的主要形式、主要内容和运行机制。此外，职教联盟的成立，初衷良好，但接下来的具体操作成效如何，整合成果能否得到巩固，仍须参与各方共同努力。

缺乏软硬件资源整合共享细节管理，共享程度不高。各校在教学资源的建设过程中，一些学校部门之间界限较严重，管理思想比较僵化，资源共享意识较差，以自我为中心各自开发建设教学资源，缺乏共享性资源的建设，很难实现资源的有效配置利用。硬件资源的使用涉及计费、场地、时间等多方面因素，细节措施难以完善，共享困难重重。软件资源共享难度也较大，各校虽处同一城市，但在办学方向、培养目标、专业设置等方面都有较大差异。另外，建立教师互聘、课程资源和学分互认的机制，会牵涉更多更复杂的问题，如教师业绩考核、工作量的计算、薪酬分配等。以上问题缺乏共享细节管理，其共享程度必然不高。

缺乏教学用的实训设备，校外实训基地多流于形式。近年来，国家、省、市有关部门加大了对各地高职教育的扶持力度，但总体而言，实训设备仍然严重缺乏，对于技能要求较强的实习实训教学还难以从根本上解决问题。由于缺少法律法规等政策支持，部分院校虽然加大了校企合作的力度，但效果并不理想，很多合作流于形式。

2. 皖江城市带同城高职院校教学资源整合优化路径

推进和深化高职院校建设，使其获得可持续发展，离不开对教学资源的整合优化。因此，如何排除各种阻碍，有效推进区域内高职院校教学资源整合优化工作，实现抱团发展，是摆在我们面前的重要问题。为解决皖江城市带同城高职院校教学资源整合优化存在的问题，为最终实现皖江城市带区域教学资源的整合优化、合理配置铺平道路，我们认为可以通过以下几种跨校整合优化路径。

（1）由政府主导成立同城教学资源整合优化沟通协调机构，增强主动性和整合意识。市级政府应在教学资源整合优化中发挥主导作用，对高职院校教学资源建设进行规划指引，建立沟通协调机构，加强顶层设计，指导、规范和管理跨校合作，鼓励各高职院校积极实行资源整合，增强主动性和整合意识。高职院校也应设立专门的机构、人员，负责协调推进合作事项。同时，针对现实难题，制订相应政策，集合各方资源，高职院校应建立合作办学专项资金，拓展和加深合作领域。

（2）以集团化办学为纽带，促进办学模式改革，多方整合高职教学资源。把集团化办学作为现代职业教育体系建设的重要内容，促进学校与学校之间、学校与企业之间资源共享、共同发展。集合高职院校、企业、行业协会和科研单位，制订配套激励措施，为合作各方提供紧密合作的舞台。集团内高职院校共享实训基地，共建专业和课程，共同开展技术研发、服务和推广，积极探索教育教学改革，逐步形成一批教育理念先进、建设特色鲜明的专业点，建立专业预警机制、专业建设动态调整机制、专业退出机制等，契合区域经济发展。

（3）以深入推进职业教育教学改革为契机，建设职教园区。各市应充分整合各类职教资源，实现资源共享和优势互补，依托一所或多所院校和多种社会资源，或在院校相对集中、实训项目共享程度高的院校聚集区，大力推进职教园区建设。同时，根据本地区支柱产业、新兴产业和特色产业，立足于本地区经济和社会发展对高技能人才的需要，政府、院校、企业深度融合，建设综合、开放、共享的学生公共实训基地。将学生个人目标、学校目标和企业目标有机结合，培养高技能人才。优化配置全市职教资源，打破隶属关系，突破行业、区域和所有制等体制障碍，聚集政府、学校、企业等各方资源，推进高职教育规模化、集团化和集约化发展，发挥资源整合的放大集聚效应、辐射效应和品牌效应。继续深化"产教融合、工学一体"的课程与教学改革，积极推进"订单培养""引企入园"等工作。政府出资在园区建设公共实训基地，重点建设机械加工、电工电子、纺织服装、汽车运用与维修、商贸物流、电子商务等专业的公共实训基地，供园区院校师生实习实训。

（4）紧紧围绕各市支柱产业，改造更新专业结构布局。随着皖江城市带示范区建设的深度推进，产业结构不断优化升级，主导产业快速成长，三大产业协调发展，战略性新兴产业重点领域集聚发展，现代服务业加快发展，现代产业体系日趋完善。因此，皖江城市带各高职院校应紧紧围绕地方支柱产业，新材料、新能源等战略性新兴产业，从全局出发，整体谋划，改造更新专业结构布局，与当地产业布局、发展规划和经济结构调整相适应，合理制订专业发展规划，科学合理设置专业，进一步明确重点建设专业、实现错位发展，避免重复建设和同质化现象。重点建设高端装备制造、纺织服装、汽车及零部件、家电、化工、商贸物流、电商、电子信息、生物医药、新材料等产业对应专业，努力实现重点专业对重点产业的全覆盖，确保高职教育与地方产业集聚、产业承接、产业转型全匹配，实现由"民工"向"技工"的人力资源战略转型。

（5）求真务实，有序推进，积极探索整合优化的成功模式。近年来，皖江各市高职院校在教学资源整合优化上开展了很多工作，也取得了一些很好的效果，但从总体上看，还处于探索阶段。要切实实现高职院校资源整合，抱团发展，凝聚合力，更好地服务区域经济，必须求真务实，大力提高企业和其他社会力量，特别是高职院校参与的积极性。一方面，总结安庆、宣城职教联盟在资源整合优化中的成功经验，以及芜湖、马鞍山部分高职院校，校校合作、合力彰显的成功做法，充分发挥职教联盟在资源整合优化中的重要作用，发挥区域龙头高职院校的引领作用，使整合优化举措落到实处；另一方面，各市教育行政部门应统筹谋划，全盘考虑，制订切实可行的同城高职院校教学资源整合优化措施，促进教学资源整合优化。同时，各高职院校要提高对整合优化重要意义的认识，对教学资源进行更加广泛细致深入的调查，全面摸清同城高职院校教学资源"家底"，有针对性地进行教学资源的跨校整合优化，积极探索教师资源、课程资源、校内外实习实训资源、网络信息资源整合优化的成功模式。

教师资源。同一城市高职院校师资存在着强弱不均、分布不平衡的现象。一些高职院校在一些相关专业领域拥有优秀的教师资源，同时一些院校一些相关专业教师资源异常匮乏。因此，相关部门应牵头建立优秀教师资源库，实现同城院校优秀教师资源共享，打破行政约束和人才流动的壁垒，实行教师走校上课，让存量的教师资源有序流动，提高优质教师资源使用效率，提高高职院校教师资源使用的有形总量。

课程资源。近年来，随着我省对高职教育的投入不断加强，高职院校获得了长足发展，特别是安徽省教育厅质量工程项目建设力度的加强，皖江城市带高职院校都逐步形成了自己的特色专业和精品课程。同城高职院校应利用区域优势，更新课程设置理念，整合优化课程资源配置。鼓励具有优势专业课程资源的学校与一些不具备优势专业课程资源的学校采取联合办学的方式培养学生。合理设置理论课程与实践课程的比例关系，突出实践课程的重点和核心地位。注重课程教法改革，积极创建精品课程、视频开放课程，实现同城高职院校课程资源优势互补，提高高职教育质量，打造高职教育品牌。

校内外实习实训资源。为了贯彻以服务为宗旨，以就业为导向，培养生产、建设、管理、服务第一线需要的技术应用型人才，各高职院校不断加大校内外实习实训基地建设的投入。然而，由于历史及办学条件的差异，各高职院校校内外实习实训基地建设上具有较大差异，一些高职院校拥有优质的校内外学生实习实训基地，实训基地不能满负荷运用，而一些院校校内外实习实训基地资源异常匮乏，实习实训教学难以开展。因此，在未建立职教园区的情况下，实现存量的实习实训资源的共享使用，既可避免实习实训资源重复建设、闲置浪费的现象，又可以缓解实训条件薄弱的学校实训教学难的问题，有利于同城高职院校实习实训资源的合理使用及实训教学水平的整体提升。

网络信息资源。网络信息资源的存在是以网络为载体，以虚拟化的状态展示，信息的传递和反馈快速灵敏，具有动态性和实时性等特点。因此，可以通过建设同城高职院校教学资源整合优化网络平台，实现网络信息资源共享使用。各高职院校可以整合优化教学资源，设计开发不同面向的 MOOC 课程，开展在线教育，实现同城院校"跨校选课、学分互认"，使同城高校能很方便地使用到优质教学资源，提升教育教学质量。

**二、逐步推进，皖江城市带高职院校教学资源整合优化的路径和举措**

为实现皖江城市带高职院校教学资源的帕累托最优状态，必须进行不断的帕累托改进。笔者以为，可以通过以下跨校整合优化路径来实现。

（1）成立省级层面区域教育资源整合指导协调机构，加强整合、共享意识，完善服务机制。不同的资源配置主体在资源配置过程中的作用和地位是不同的。皖江城市带高职院校有公办和民办之分。因此，各级政府和办学企业应主动作为资源配置的组织者、协调者，承担主导改革的引领者的责任，做好分内的事。选择职教资源配置效率最高的方式，制订资源配置的规则，营造参与配置的主体都能接受的公平、共享、互利、有序、良好的发展环境；通过制度创新和市场的作用，建立政府宏观调控、学校自主办学、市场积极引导的运行机制和以学校为主角、市场为中介、企业为供需方、政府为调节方的相互作用的宏观模型；加强政府对资源优化配置的统筹规划、协调、指导、监督和服务，成立省级层面区域教育资源整合指导协调机构，制订高职教学资源配置的整体规划。也只有如此，才能发挥各办学主体，特别是政府对资源配置优化的引领和协调作用，协调各利益主体的合作动机和价值取向，加强各利益主体的整合优化意识，使各利益主体愿意将自身拥有的优质资源主动进行资源共享。另外，省级层面区域教育资源整合指导协调机构的成立，有利于冲破"行政区划观念""人才流失观念"的观念壁垒，协调在户籍制度和社会保障制度限制下的人力资源的自由流动，有利于信息服务平台的建设与完善，为资源的有效整合奠定基础。

（2）兼顾利益，运用科学发展观指导实践，进一步摸清教学资源实际情况。皖江城市带高职院校教学资源整合优化，是安徽省教育领域的又一次革命，它标志着安徽省高职教育走向理性和成熟。为了使这项工作卓有成效，应当明确和严格遵循教育发展的基本规律，从根本上认识到，整合教学资源是贯彻落实科学发展观、全面推进高职教育发展战略、服务皖江城市带建设的具体实践。通过资源整合，切实体现三个"有利于"，即有利于促进区内高职教育均衡发展，有利于各种资源的有效利用，有利于学生享受到优质的教育，获得更大的经济、社会效益。因此，只有进行广泛、细致、深入的调查，进一步摸清区域内各高职院校教学资源家底，才能有的放矢，有针对性地进行教学资源的跨校整合优化。

（3）真抓实干，使整合优化举措落到实处，探索整合优化的成功模式。整合优化区域内教学资源，必须真抓实干。一方面，要使已有的"A联盟""商科联盟""安庆职教联盟""行知联盟""医学联盟"和"高师联盟"均能更好地发挥其应有的作用，使整合优化举措落到实处；另一方面，必须通盘考虑，全面规划，制订切实可行的实质性整合优化措施，以期探索出区域内教学资源整合优化的有效模式。

整合优化专业、课程资源配置。皖江城市带各高职院校在长期办学过程中都逐步形成了自己的特色专业和课程，各高职院校应从学校整体发展规划出发，来整合优化专业、课程资源配置，使具有优势专业、课程资源的学校与一些不具备优势专业、课程资源的学校联合培养学生。各高职院校应从整个区域发展角度出发，更新课程设置理念，把握好理论课和实践课的比例关系，彰显以实践为核心的高职课程取向，创建精品课程，注重课程教法的改革，以使区内高职院校的发展走上可持续发展的道路，提升高职教育质量。

整合优化教师资源配置。高职院校教师资源的合理使用、优化配置是提高学校办学水平和人才培养质量的关键，教师资源是重要生产力，是学校生存和发展的根本。第一，区内有些高职院校拥有一些相关专业领域优秀的教师资源，同时一些院校相关专业缺乏优秀的教师资源。因此，可以建立区内优秀教师资源库，实现区内院校优秀教师资源共享。第二，可以选择条件较好的院校，建设一批可以统筹共享的实验和实训师资培训基地平台，通过基地培训，提高教师的实践能力和技能水平。第三，还可以鼓励教师走校上课，使存量的教师资源有序流动起来，提高区内教师资源使用的有形总量。

整合优化实训基地教学资源。高职教育培养面向生产、建设、管理、服务第一线的高等技术应用型人才，其主要特色在于所培养的人才具有较高的职业素质和较强的技术应用能力，实际训练是实施培养要求的关键环节。实训基地是实际训练实施的场所，是集教学、培训、技术服务和职业技能鉴定为一体的多功能综合性的教育培训中心。因各校教育投入的差异，各校在实践教学中心、技能培训、技术服务中心、职业鉴定中心、校内外实习实训基地建设上具有较大差异。整合优化实训基地等教学资源，可以使区内高职院校共享实训资源，不仅可以缓解实训条件薄弱的学校实训教学难的问题，也可避免实训资源重复建设，还可以使拥有较好实训条件的学校因实训设施的有偿使用而获得一定收益，有利于区内高职院校实训教学水平获得整体提升。

组建职教集团，走集约发展之路。职业教育集团是职业教育资源共享，促进高职院校发展的新途径、新模式，具有开放性大、共享性强、通用度高的特点。在合适的条件下可以选择以城市或者行业为单位组建职教集团；可以优化高职院校教育资源的配置，做大做强高职教育；可以加强学校之间的全方位合作，促进资源集成和共享；可以使成员学校尽快达到全国同类学校的最高水平。

### 三、合力打造，建设皖江城市带高职院校共享型实训基地

高素质高技能型人才的培养，需要区域内发达的职业教育。

因此，借助皖江五市（安庆、池州、铜陵、芜湖、马鞍山）职业教育资源，组建皖江城市带区域型职业教育集团势在必行。为提高职业教育水平，必须提升实训教学水平，加快区域性共享型实训基地建设步伐。

区域性共享型实训基地是指在地方政府主导下，发挥高职院校人才和技能优势，以企业行业为依托，充分利用社会资源，通过学校与学校之间、学校与企业行业之间的互补与合作，建立集教学、生产、培训、职业技能鉴定和社会服务等功能为一体的开放式、合作型的实训基地，实现区域实训资源的有效共享。

1. 皖江城市带共享型实训基地建设的意义

（1）共享型实训基地建设是区域职业院校实训资源优化整合的必然趋势。市场学理论强调资源优化配置，提高资源利用效益。实训基地作为职业院校建设中的一个重要组成部分，其投资大，建设完善期较长。同时，许多高职院校实训基地使用频率不高，存在实训基地运行不足的问题。因此，区域内职业院校开展合作，加快实训资源优化整合，共同建设共享型实训基地，一方面可以解决实训建设资金不足的问题；另一方面，几所高职院校学生共同使用，可以提高实训基地运作频率，提高共享型实训资源的使用效益。

（2）建设高标准共享型实训基地是提高高素质高技能人才职业技能的关键。区域经济发展需要大量高素质高技能人才，人才职业技能的高低，决定着经济发展的速度和质量。而高职院校学生职业技能的培养，需要完善的职业实训基地及平台。共享型实训基地建设可以为区域职业院校学生提供良好的实训平台，通过在实训基地加强专业项目实训、顶岗实训等环节，可以大幅度提高学生操作技能，有助于学生练就熟练的工作技能，人人成为企业的技术骨干，为区域经济发展做出应有的贡献。

（3）共享型实训基地建设符合国家职业教育发展要求。国家为鼓励共享型实训基地建设，2007年，教育部发布了《关于开展高技能人才公共实训基地建设试点工作的指导意见》，对如何做好公共实训基地建设及运作进行部署。皖江城市带五市职业院校距离较近，专业设置比较接近，互相合作的地方多，尤其是实训资源的优化整合。同时皖江城市带经济发展开始步入一体化发展阶段。所以，皖江城市带共享型实训基地建设完全符合国家职业教育发展要求，同时也具有较强的可实施性。

2. 皖江城市带高职院校共享型实训基地建设原则

（1）结合区域经济发展特色，建设具有地方特色的共享型实训基地。要根据皖江城市带未来经济发展特点及方向，积极应对区域产业升级及职业教育自身发展需要，准确预测人才需求结构及数量。把握高素质高技能型人才的技能培养目标，共同建设适应区域人才需求的区域共享型实训基地。

（2）实施分专业整合，优化实训资源配置。皖江城市带五市高职院校所设专业基本一致，但是不同院校各专业办学规模及水平有所差别。因此，各高职院校按照专业进行分析，专业办学水平较高并且具有较好实训条件的高职院校应主动承担某专业的共享型实训基地建设，同时结合其他院校该专业的实训资源，共同建设共享型实训基地。实现区域实训资源的优化配置，做大做强区域共享型实训基地。

（3）强化政府引导，做好整体规划协调。结合国家职业教育中长期发展规划及《安徽省现代职业教育体系建设规划（2014—2020年）》，皖江城市带五市教育主管部门应加强职业教育合作力度，组建皖江区域大职业教育格局，实现区域职业教育水平大提升。为协调各职业院校相关工作，可以成立皖江城市带职业教育协调领导小组，统一做好区域职业教育发展规划，为加快区域共享型实训基地建设提供组织保证。

3. 皖江城市带共享型实训基地建设的策略措施

（1）区域政府应积极做好整体规划与协调。皖江城市带五座城市的政府教育主管部门应积极合作，以皖江城市带经济发展一体化为依托，大力发展区域职业教育，为区域经济发展提供人才支持。皖江城市带政府领导应达成共识，及时组建区域性大职业教育格局，优化区域职业教育资源，特别是实训资源。职业教育离不开实训资源尤其是实训基地，但是实训基地建设须要投入大量资金、人力。各院校自行建设专业实训基地，往往缺乏资金，同时实训基地利用率也不高。如何解决上述问题？如果区域高职院校在资源整合的基础上，共同建设实训基地，势必会解决单个高职院校资金不足问题，同时会大大提高区域性实训资源利用率，进一步提升区域实训资源利用效益，共同提升职业教育实训水平。因此，区域政府教育主管部门应密切合作，共同规划区域实训基地建设，协调相关高职院校共同建设皖江城市带高职院校共享型实训基地。

（2）树立资源共享、各尽其能的合作理念。建设区域性共享型实训基地的根本目标就是要优化资源配置，推动资源共享与区域合作。皖江城市带各高职院校要本着互惠互利、合作共赢的原则，建立职业院校实训资源共享机制。同时，各高职院校要以现有专业特色及实训基地为基础，合理分工，分别承担相关专业实训基地建设任务。各尽其能，不要搞平均分配主义，一定要结合不同院校专业特色，有重点地在不同高职院校建设相关实训基地，提高实训基地建设水平，高质量满足皖江城市带其他高职院校学生实训要求。以安庆职业技术学院为例，该院园林园艺专业实训基地是国家级实训基地，此专业实训基地建设水平较高，随着实训基地的不断完善，此实训基地就能成为皖江城市带其他高职院校园林园艺相关专业共享型实训基地。

（3）高标准建设区域共享型实训基地。职业院校要始终坚持服务地方经济发展的宗旨，充分发挥高技能人才培养的作用。实训基地是提升高职学生职业技能的重要平台。实训基地建设质量如何，直接影响学生实训技能的高低。因此，建设共享型实训基地时，一定要结合专业发展要求及区域经济发展特点，科学确定实训基地建设方向与规模。同时要与区域企业行业进行对接，了解企业行业对于员工专业技能的需求与变化，结合不同专业课程实训内容，科学设置实训项目与实训流程。同时，实训基地建设不是静态的，要随着社会的不断发展，实施动态调整。皖江城市带共享型实训基地建设要有一定的前瞻性与扩建弹性，能够满足未来较长时间的专业实训要求，所以应提高共享型实训基地的建设标准。

（4）有重点地建设实训频率较高的实训基地。皖江城市带五市高职院校，开办的专业众多，不同院校开设的专业差别不大。

据调查，皖江城市带五市高职院校中开设的相同或相近专业有 15 个，其中会计电算化、市场营销、电子商务、物流管理等都是各高职院校在校生规模较大的重复性专业。这些专业在不同院校中的办学条件及办学优势、特色并不均等。因此，要根据这些专业学生人数多、实训频率高的特点，有重点地加快建设相关专业共享型实训基地。各高职院校根据各自专业办学实力，选择承担相关专业的实训基地建设，集中优势资源建好实训基地，以满足皖江城市带其他高职院校相关专业学生实训需求。

（5）建立实训基地共享机制。皖江城市带各高职院校为了更好地分享实训资源，提高实训资源共享成果，必须建立学习信息网络和共享机制，试行统一的专业实训大纲、统一的实训计划、统一的实训教材。每年安排一次至两次专业实训教研交流活动，各高职院校推选骨干教师，共同编写实训大纲、实训计划、实训教材，教研活动可以轮流在各高职院校进行。为了合理制订实训基地共享机制，可以建立"学分"互认制度，完善实训课程的管理与考核工作。共享型实训基地所在高职院校负责皖江城市带其他高职院校相关专业学生的实训工作，按照收益与费用的一定比例，确定每位学生的实训费用，费用由实训院校自行承担。安排实训时，各院校实训指导教师必须全程负责本校学生的实训安全管理，实训项目可以由各实训指导教师自行安排。为了更好地使用实训基地，各高职院校相关专业可以互相协调，每学期开始时，报送实训计划，以便承担实训任务的院校合理安排时间，避免造成实训时间的互相冲突，保证皖江城市带其他高职院校相关专业学生实训课程的顺利开展。

皖江城市带经济抱团发展离不开区域职业教育的优先发展，皖江城市带共享型实训基地建设作为区域职业教育资源优化整合的重要组成部分，必须统一协调，分步实施。笔者相信皖江城市带高职院校共享型实训基地一定会建设得有规模、有特色、有水平。

## 第三节　高职院校教学资源平台建设的探索

信息化时代给教育的发展带来了新的契机，《国家中长期教育改革和发展规划纲要（2010—2020 年)》已经把教育信息化纳入国家信息化发展整体战略。所谓"教育信息化"是借助现代先进的信息技术，使整个教育系统从宏观教育规划、战略管理，到微观学习环境、学习模式、课程体系、教学方法、质量评价模式等全面实现信息化改革。因此，建设高技术含量的"教学资源共享平台"也是皖江城市带高职院校教学资源整合优化的重要措施。

### 一、教学资源平台建设的方法与策略

1. 教学资源平台的运行环境建设

教学资源平台的运行环境包括流媒体服务器、Web 服务器、FTP 服务器以及地址服务器。教学资源平台建设主要用于实现客户端的现实应用，用户发来请求时执行其请求任务，并负责将用户输入的信息存入数据库，接受动态网页提交的请求。服务器接

受申请后执行相关程序，并与数据库连接起来进行相关运算，全部处理结束后会将结果返回服务器，再传给用户。

### 2. 教学资源平台的模块建设

平台以科学前瞻观为指导，进行模块化设计，模块包括系统管理模块、目录索引模块、课程展示模块、资源库模块等。模块之间相对独立，根据需要，可动态添加新的模块。建设教学资源平台能为网络教学资源提供统一的用户体系，使网络教学资源统一到一个入口，用户可以通过不同的身份角色访问。教学资源平台的实质主要是支持日常教学活动和资源管理，是一个一体的数字化教学支撑平台，集教师备课、课堂讲授、师生互动、教学资源管理等于一体。

### 3. 教学资源平台的管理机构建设

为了保障教学平台建设的有序性和可持续发展性，须要成立专门的机构进行建设指导和协调，如成立"皖江城市带高职院校教学资源平台建设与管理领导小组"，由各高职院校分管教学的副院长组成，下设多个管理分组，如资源建设组、资源管理组、网络维护组、硬件软件维护组等，由各校选派相关人员组成。

### 4. 教学资源平台的管理制度建设

从资源的建设与共享的需求出发，应加强教学资源平台的规范化管理，建立和完善相应的标准体系。如制定区域"教学资源上传标准""教学资源使用标准""优质资源管理制度""资源平台管理人员岗位职责"等，明确各种管理制度，明确相关人员的职责，为进行资源建设提供有力的保证。

5. 加强教学资源平台使用的培训力度

实现教学资源平台信息化建设与管理，其关键在于加强教学资源平台建设，提高管理人员的信息化能力。应大力开展相关人员的培训会、经验交流会、阶段总结会等，提高区域内高职院校对资源的建设、获取、分析、处理、管理、使用和维护的能力，提高平台的使用效能和管理效率。

## 二、教学资源平台建设规划

### 1. 对资源进一步优化与整合

资源平台建设最大的问题就在于资源的重复建设，既浪费人力物力，又造成已有资源的混乱，让使用者难于立刻搜索到所需资源。皖江区域高职院校都拥有其特色的教学资源，但资源重复较多。因此，资源平台建设时应进行优秀教学资源的二次优化，即将基础课与专业课中重复的资源过滤掉，精选优秀资源进行上传与共享，以全局性的眼光将现有资源重新进行整合。

### 2. 建立和完善优质资源的鼓励机制

教学资源平台的资源建设缺乏相应的鼓励机制，如保障优秀资源持续发展的机制，往往对建设的资源是一次性投入奖励，建好后就失去了可持续性的资金支持，这样会造成资源进一步加工、深化和提高的动力下降。对优秀数字化教学资源应该采用连续资金支持，是否给予进一步的资金支持要根据完善的用户评价系统来定。只有拥有相应的鼓励机制，才能保证优秀资源的持续发展。

### 3. 完善虚拟实验的资源建设

高职院校要突出学生的动手能力，应进一步丰富与完善实验教学资源，开发适合于网络教学的虚拟实验教学平台，这主要是给学生提供实习的虚拟环境，提高学生的动手操作能力，为学生步入工作奠定基础。

## 三、教学资源平台建设的预期效果

教学资源平台的成功建设，可以为学校教师、学生和企业等提供丰富的专业教学资源；为学生提供资源检索、信息查询、资料下载、教学指导等服务；也为解决高职院校同类专业的共性需求、实现专业教学资源的共享、全面提高学校人才培养的质量、提升专业服务社会的能力提供技术支持。

### 1. 为教师提供优质的教学资源

专业教学资源平台可以集中各校优势教学资源。一方面，教师可以结合教学对象、教学目标等要求，借助教学资源平台中丰富的素材来进行本校课程开发；另一方面，教学资源平台中的众多素材可以为教师备课和教学实施提供丰富、优质的教学资源，甚至可以直接使用，能大大提高教学效率。

### 2. 为学生提供良好的学习资源

教学资源平台可以为学生提供丰富的专业学习资料，培养学生自主和协作学习的能力，有利于行动导向教学的实施，同时还有助于满足学生的个性化学习、终身学习、资格认证等需要。

皖江城市带高职院校教学资源平台建设是一项系统的工程，需要以科学性、前瞻性、严谨性为指导，进行统一管理，这是实现皖江城市带各高职院校教育信息化改革的有效途径。

## 第四节　资源整合优化的机制创新

### 一、完善皖江城市带高职院校教学资源整合优化的政策引导机制

皖江城市带高职院校教学资源的整合优化，必须充分发挥各级政府主管部门的政策引导作用，制订相应的政策、包括制订高校间学分互认的政策，协调学分互认的关系，确定共享优质教学资源的使用范围，制订教师编制、走校上课等流动措施，做到从政策上既鼓励、推动整合，又要保持各校自身的特色。要提高教育质量，缩小教育差距，实现教育均衡发展，必须加快教学资源的整合优化，鼓励强势资源倾斜于弱势资源，建立起完善的补偿制度。

各高职院校应积极参与资源的整合优化，促使资源在不同高职院校合理使用，最大限度地提高教学资源的使用效率。各级主管部门及学校管理层是实行皖江区域教学资源整合与优化的稳固的支持力量。若没有支持力量，就得不到各部门的配合，整合优化就无法开展，只能流于形式。只有相关部门有实施的决心，并付诸行动，才能使教学资源的整合与优化成为可能。

### 二、建立皖江城市带跨校教学资源的嫁接与吸收机制

建立跨校教学资源的嫁接与吸收机制的核心是实现教学资源

的合作共享。目前，皖江城市带高职院校校外教学资源的嫁接与吸收机制很不完善，甚至没有起步。因此，资源共享过程中应变"为我所有"为"借船出海、为我所用"，知己知彼，用其所长，求己所需。在教学资源建设中，鼓励优质教师跨校授课、进行讲座和参加活动，也可以给予其一定的教学科研任务，指导青年教师，帮助学校进行学科建设、科研合作等；学生也可以通过跨校选课、跨校辅修专业，进一步拓展自身的知识面；校校之间要加强协作，达到优势互补、资源共享、互惠互利、协调发展，使皖江城市带高职院校教学资源得到充分利用。建立皖江城市带高职院校间的教师互聘和连聘机制，充分利用互联网技术，建立高校师资共享网站，使域内高职院校学生能够接受全区域优质教师和专家的指点，在一定程度上弥补本校师资力量的不足。

建立跨校教学资源的嫁接与吸收机制将会改变教学资源的原有配置格局，并会影响现行的体制框架。因此，必须深化改革，逐步建立分工明确、科学高效、协调有序的教学资源管理体制，为教学资源的嫁接与吸收扫除体制障碍。

### 三、实现皖江城市带教学资源跨校利用的制度创新

实现皖江城市带教学资源跨校利用的制度创新的主要目标就是通过规则性与秩序性，有效地利用资源。

第一，建立跨校教学资源使用制度。随着互联网技术的发展，高校 MOOC 资源的开发，各校精品课程、视频课程、网络课程的共享变得比较容易，所以，应制订跨校选课制、学分制、弹性学制等改革措施。另外，应制订相关法规，通过实施法规克

服资源配置和使用上的随意性，保证资源的优化配置，同时从法律角度确立一种"利益机制"和"问责机制"。

第二，建立教学资源整合优化的执行和反馈机制。首先，建立教学资源整合与优化制度的过程监测机制。建立管理质量体系和教学、科研、实验室与设备建设等方面的考核评估体系；实行行政监督和监察、财务监督和审计监督。过程监测机制可以保证整合优化措施的顺利实施，主要针对整合优化的过程进行监测，在实施过程中及时发现问题、解决问题。其次，制订评价结果的反馈机制，这是使整合优化工作持续进行的激励机制，包括整合优化结果的相关激励政策，可以使考评及奖励与资源使用效率挂钩，充分调动教师从事教学的积极性，促进各高职院校进行整合优化工作。评价的目的是为了改进，而激励可以调动改进的积极性，确保教学资源整合优化的效果。

第三，建立教学资源使用的效益和评价制度。教学资源整合与优化的目标是为了提高学校投入产出效益和提高资源的利用率，因此制度建设主要有以下两个方面内容：第一，建立和完善教学资源投入产出效益评价制度。确立投入产出效益评价的方法和指标，根据本校的特点和评价重点进行设计，形成相应的分析报告，揭示存在的问题，从而提出解决的方法，这样才能使评价有意义。第二，建立和完善教学资源利用率评价制度。确立衡量教学资源利用率的指标体系，提升指标的科学性。通过分析揭示投入产出效益和资源利用率方面存在的问题，以此来确立资源整合优化的方向。

# 参考文献

[1] 祝西莹，陆颖．推进咸阳市高职院校教育资源共享的策略研究［J］．教育与职业，2010（9）．

[2] 王东梅．大学教学资源优化整合研究［D］．武汉理工大学，2009.

[3] 谢肖力．东西部高职院校"2＋1"合作办学模式的探索与实践［J］．中国大学教学，2010（8）．

[4] 杨善江．动力机制：高职园区优质教学资源共享运行的"发动机"——以常州高职教育园区为例［J］．职教论坛，2012（12）．

[5] 李胜明．高职院校实践教学资源优化整合及管理的探讨——以深圳职业技术学院工业训练中心为例［J］．职教通讯，2011（20）．

[6] 陆颖，祝西莹．区域高职院校教学资源共享问题研究［J］．价值工程，2011（8）．

[7] 沙茜．海河教育园区高职院校教学资源共享研究［J］．天津职业院校联合学报，2012（4）．

[8] 杨维娟．高职院校教学资源共享现状问题分析［J］．现代企业教育，2012（11）．

[9]邱爱兵，龙喜平．长沙市省属公办高职院校教学资源合作模式研究［J］．职教论坛，2012（2）．

[10]孙仕云．高职院校共享型教学资源建设研究［J］．管理学家，2013（3）．

[11]施泽波，崔永华，徐胤莉．论东西部高职院校的多元合作与长效机制［J］．江苏高教，2011（4）．

[12]潘杨文．高职院校教学资源的优化配置［D］．山东师范大学，2011.

[13]周劲松．高等职业教育经费投入现状分析与对策研究［J］．职业技术教育，2008（4）．

[14]杨毅仁．我国大学城教学资源共享存在问题及对策研究［J］．华南理工大学学报（社会科学版），2007（2）．

[15]张丽君，段万春．高校教学资源共享的思考［J］．高教论坛，2008（6）．

[16]黄晨曦，殷晓霞．江苏大学城体育教学资源校际共享的实证研究［J］．河北体育学院学报，2011（1）．

[17]杨毅仁，陈铁群．我国大学城教学资源共享存在的问题及对策研究［J］．华南理工大学学报，2007（2）．

# 附件1：2015安徽省政协提案

## 关于推进我省中等职业教育资源整合优化的建议

中等职业教育是培养高素质的劳动者及中等职业技术人才的基地和摇篮，是教育体系的重要组成部分，在现代化建设中作用明显。因此，科学整合中等职业教育资源，大力发展职业技术教育，对推进我省经济社会又好又快的发展具有重大积极作用。

### 一、我省中等职业教育资源现状及存在的问题

我省中等职业教育近年来形势每况愈下，职业教育资源重复浪费、发展不均衡，资源难以充分利用，招生严重滑坡，相当一部分中职学校师生比失调、校舍空落、实训设备闲置，办学陷入困境，严重影响着中职学校的经济效益和社会效益。相当一部分中等职业学校普遍存在的"散、小、弱"问题，办学质量和服务地方经济发展水平较低，因此，进一步强化政府统筹，优化布局结构，有效整合职业教育资源是当前我省职业教育战线一项迫在

眉睫的任务。

以安庆市为例，安庆市市区中等职业学校数量偏多，办学规模普遍不大，教学资源分散，办学效益偏低。截至 2015 年底，安庆市共有中等职业学校 25 所，其中：公办 14 所、民办 11 所，安庆市区 9 所、桐城 3 所、太湖 3 所、怀宁 3 所、枞阳 2 所、望江 2 所、潜山和岳西各 1 所。另外，安庆医药高等专科学校、安徽黄梅戏艺术职业学院举办中职教育。并且，我市中等职业学校还存在结构不够合理、专业设置趋同、办学特色不强、办学水平偏低的问题。不少中等职业学校办学条件简陋，实习实训设施缺乏，专业师资不足，难以保证教学质量。

## 二、推进我省中等职业教育资源整合优化的对策

针对中等职业教育存在的问题，芜湖、马鞍山、安庆等市做出了一些有益的探索。2014 年 12 月，芜湖市为优化中等职业教育资源配置，发挥示范职业院校的引领示范作用，将芜湖市职业教育中心、芜湖工业学校、芜湖市二坝高级职业中学整合成立为芜湖高级职业技术学校。马鞍山技师学院与马鞍山职业技术学院合并。安庆一职高和二职高合并成立安庆工业学校。这些探索为我省中等职业教育资源整合优化提供了有益的借鉴，但仍然存在诸多问题，必须在全省范围内大力推进中等职业教育资源整合工作，采取撤并、联合办学、划转、转型等形式，减少学校数量，扩大办学规模，调整学校结构，强化办学特色，改善办学条件，提高办学水平，为我省经济社会发展培养更多的高素质技术技能人才。

1. 进一步提高对职业教育的认识，加强对中等职业教育资源整合工作的领导。建议成立相应的领导机构，指定具体负责实施的部门，研究解决资源整合过程中的困难和问题。要认真贯彻《国务院大力推进职业教育改革与发展的决定》的文件精神，进一步深刻认识发展我省职业教育的重要意义，高度重视职业教育。把整合中职教育资源、发展职业教育当作经济社会发展的大事，纳入我省经济社会发展规划，与基础教育一样优先予以重视，培养一大批高素质的应用型技术人才和管理人才，为我省经济社会发展服务。

2. 采取多种切实可行的形式整合资源，包括撤并、合作办学、划转等。各市市属中职学校通过同类学校整合和不同学校同类专业整合，完成学校整合和专业调整，并根据主导专业对学校重新命名。各县区域内所属各类中等职业教育资源整合到县级职业教育中心，或合并成一所新的中职学校，鼓励有关部门将培训项目逐步集中到县级职业教育中心，发挥职教中心职业培训的集聚效应和规模效应，增强办学实力，形成规模适度、水平较高的中职学校；撤销多项重要办学指标均不达标，短期内没有新的资源进入，难以进入正常办学状态的中职学校；将办学规模小、办学质量不高的中职学校的资源划给其他优质中职学校，同时撤销被划转学校的建制。高职院校停止举办中职教育，逐步退出初中起点的三年制中职教育。

3. 统筹规划中职学校的专业布局，搭建技能人才成长"立交桥"。各市教育行政部门要根据经济社会发展和市场需要，结合本地支柱产业、战略性新兴产业、各县特色产业，统筹职业教育专业布局，制定专业发展规划，科学合理设置专业，明确重点建设专业、实现错位发展，避免重复建设和同质化现象。建立中、高职有机衔接、融会贯通、结构合理、覆盖全面、特色突出的专业结构体系。各中等职业学校集中力量建设 3～5 个优势重点专业，同时依托重点专业推进相关专业发展，形成专业特色。加强以"双师型"为主的教师队伍建设，鼓励支持企业工程技术人员、高技能人才在职业学校兼职任教。强化中、高等职业教育人才培养目标衔接，建立中、高等职业教育联合培养、资源共享机制，搭建技能人才成长"立交桥"。

4. 规范民办中等职业学校办学。各市民办中职学校数量庞大，发展参差不齐。省市教育、人力资源社会保障部门要规范民办职业教育准入、审批制度；要对民办中等职业学校开展达标验收，对不达标的学校停止其学历教育招生资格，责令其限期整改，1 年后仍不达标的予以注销；要对达标的民办职业学校制定教育资源整合方案。

5. 依托优势学校，建设职教园区，实现职业教育综合性实训基地资源共享。各市应大力推进职教园区建设，充分整合各类职教资源，实现资源共享和优势互补，实现学生个人目标、学校目标和企业目标有机结合，培养高技能人才，依托优势学校，面向区域内中等职业学校和相关企业，积极开展实习实训服务。对职教资源实施优化配置，打破隶属关系、行业、区域和所有制等体制障碍，聚集政府、学校、企业等各方资源，推进职业教育规模化、集团化和集约化发展，发挥资源整合的放大集聚效应、辐射效应和品牌效应。

# 附件2：2015安庆政协提案
# （市政协主席督办提案）

## 关于依托安庆职业技术学院建设职教园区的建议

为深入推进我市职业教育改革，推动我市职业教育更好更快发展，实现到2020年形成以高职教育为龙头、中职教育为重点、社会化培训为补充、与全市经济社会发展相适应的现代教育体系，努力把我市建设成为长江经济带重要的人才培育基地的目标任务，安庆市人民政府出台了《关于加快发展现代职业教育的实施意见》（宜政秘〔2015〕208号），旨在改变我市职业教育资源存在的重复浪费、发展不均衡，资源难以充分利用，相当一部分中职学校师生比失调、校舍空落、实训设备闲置，办学陷入困境，经济效益和社会效益不佳的现状，加快构建现代职业教育体系，推进产教融合、校企合作，为加快调结构转方式促升级、实现"四个强市"目标提供高素质和技术技能人才支撑。

根据《实施意见》的内容和我市职教发展现状，为彻底改变职业院校布局分散、规模较小的状况，形成集人才培养、社会培训、技能资格鉴定为一体，师资力量、实训设备统筹安排的局面，建议依托安庆职业技术学院成立职教园区，推动我市职业教育更好更快发展。

## 一、依托安庆职业技术学院成立职教园区的可行性

1. 加快发展中等职业教育亟须龙头带动。《实施意见》指出，要着力构建现代职业教育体系，加快发展中等职业教育。目前，我市市区中等职业学校数量偏多，办学规模普遍不大，教学资源分散，办学效益偏低。截至 2014 年底，安庆市共有中等职业学校 25 所，其中：公办 14 所、民办 11 所，安庆市区 9 所、桐城 3 所、太湖 3 所、怀宁 3 所、枞阳 2 所、望江 2 所、潜山和岳西各 1 所。另外，安庆医药高等专科学校、安徽黄梅戏艺术职业学院举办中职教育。并且，我市中等职业学校还存在结构不够合理、专业设置趋同、办学特色不强、办学水平偏低的问题。不少中等职业学校办学条件简陋，实习实训设施缺乏，专业师资不足，难以保证教学质量。以上因素的存在严重制约着中等职业教育的发展，有必要依托实力较强的学校，带动中等职业教育资源整合工作，扩大办学规模，调整学校结构，强化办学特色，改善办学条件，提高办学水平，为我市经济社会发展培养更多的高素质技术技能人才。

2. 安庆职业技术学院近年发展迅速，具备引领安庆职业教育发展的实力。在安庆市委市政府的正确领导下，经过几年努力，安庆职业技术学院已经成为省示范高职、安徽省人才培养工作个性评估优秀单位，并获准立项建设安徽省首批地方技能型高水平

大学，已经跨入安徽省高等职业教育的第一方阵，具备引领安庆职业教育向更高水平迈进的条件和实力。

## 二、建设思路

建议成立由市政府主要领导和分管领导挂帅，市各相关部门领导参加组成的园区建设领导小组，部署和领导我市职业教育发展园区建设工作。

1. 依托安庆职业技术学院，实施教育资源整合。通过学校整合和专业整合，将安庆市属 7 所中职学校通过同类学校整合和不同学校同类专业整合，完成学校整合和专业调整，并根据主导专业对学校重新命名。争取省政府同意，将省属安庆理工学校及安庆化工学校合并成立工科职业技术学校。

将合并后的中职学校加挂"安庆职业技术学院 xx 分院"的办法，按照"五年一贯制"培养模式，在各校之间实行教师互聘、课程互选、学分互认、资源共享、设备共用，建立中、高职有机衔接、融会贯通、结构合理、覆盖全面、特色突出的专业结构体系。各中等职业学校集中力量建设 3～5 个优势重点专业，同时依托重点专业推进相关专业发展，形成专业特色。强化中、高等职业教育人才培养目标衔接，建立中、高等职业教育联合培养、资源共享机制，搭建技能人才成长"立交桥"。

2. 依托职教园区，整合市区各级职业培训机构和安庆电大，成立"安庆创业学院"。成立后的创业学院迁入职教园区，广泛开展创新创业及培训教育。

3. 职业教育"东进入园"，实施"腾笼换鸟"战略。将调整整合后的职业学校全部整体迁移到安庆职业技术学院所在的职教园区，实现规模办学，打造职教品牌学校，形成"北城办高教、东城办职教"的空间布局。将"东进入园"后腾出来的大部分土地通过资金置换，用于职教园区建设。

4. 紧紧围绕安庆的支柱产业，实现安庆人力资源战略转型。改造更新职教园区专业结构布局，积极发展石油化工、装备制造、纺织服装等支柱产业和战略性新兴产业，努力实现重点专业对重点产业的全覆盖，确保职教园区与安庆产业集聚、产业承接、产业转型全匹配，实现安庆由"民工大市"向"技工大市"的人力资源战略转型。

5. 政府出资在园区建设公共实训基地。重点建设机械加工、电工电子、纺织服装、汽车运用与维修等专业的公共实训基地，供园区院校师生实习实践。

6. 依托安庆职教联盟，引企入园。引导企业在职教园区建立加工车间和员工培训基地，鼓励科研院所和职教园区建立新技术研发基地和推广中心，建立安庆主导产业和主体企业参与职教园区建设和共享资源的运行体制。

# 附件3：皖江城市带高职院校
# 教学资源情况问卷调查表

尊敬的先生/女士：

　　您好！我们是安庆职业技术学院的老师，正在进行 2013 安徽省振兴计划重大教学改革研究项目"帕累托改进理论视角下皖江城市带高职院校教学资源跨校整合优化研究"的研究。本调查旨在了解皖江城市带高职院校教学资源状况，建立皖江城市带高职院校教学资源跨校整合优化的最优模式，为发展高职教育做出最大贡献，也为政府制定政策和决策提供建议和参考。

　　问卷仅用于课题研究，请根据自己的真实情况填写，真诚感谢您的参与和支持，谢谢！

学校名称：　被调查者姓名：　被调查者所在部门：　邮箱：

电话：

## A　专业、课程资源情况

　　1.贵校专业总数为_____个，2014 年在校生最多的专业为_____专业，人数为_____人；在校生最少的专业为

_____专业，人数为_____人；专业平均在校生_____人。

2. 贵校开设 5 年以上的专业有_____，近两年开设的专业有_____。

3. 贵校国家级特色专业有_____个，是_____。

4. 贵校省级特色专业有_____个，是_____。

5. 贵校优势专业是_____，核心优势体现在_____。

6. 贵校近三年就业率最高的专业为_____，就业率较低的专业为_____。

7. 贵校哪些专业尚须进一步建设？_____，主要薄弱点是_____。

8. 贵校国家级精品资源共享课程有_____个，是_____。

9. 贵校省级精品资源共享课程有_____个，是_____。

10. 贵校国家级精品视频公开课程有_____个，是_____。

11. 贵校省级精品视频公开课程有_____个，是_____。

12. 贵校开设的网络课程有_____门？分别是_____

_____。

13. 贵校教材建设情况：国家规划教材_____本、省级规划教材_____本、特色校本教材_____本。

14. 贵校教学资源库建设情况：已建成_____，在建_____，拟建_____。

15. 贵校图书馆藏书情况：图书_____册，报刊_____种，电子期刊_____。

16. 贵校所在市的产业集群优势产业为_____，主导产业是_____，战略性新兴产业是_____，贵校专业设置分成_____等大类，与地方经济的契合度如何_____。

## B　教师资源情况

1. 贵校 2014 年在校生人数为_____人；在职职工人数_____，其中：在册专任教师人数有_____人，兼任教师有_____人，外聘教师有_____人。

2. 贵校教师职称结构情况，教授_____人，副教授_____人，讲师_____人，助师_____人，其他高级职称_____人，中级_____人，初级_____人。

3. 贵校外聘教师中教授_____人，副教授_____人，讲师_____人，助师_____人，其他高级职称_____人，中级_____人，初级_____人。

4. 贵校国家教学名师_____人，省级教学名师_____

人，省级专业带头人＿＿＿＿＿人，省级教坛新秀＿＿＿＿＿人，双师型教师＿＿＿＿＿人。

5. 贵校自 2008 年以来在省级质量工程项目中获得教学研究重点项目＿＿＿＿＿项，一般项目＿＿＿＿＿项，国家级教学成果奖一二三等奖各＿＿＿＿＿项，省级教学成果奖一二三等奖各＿＿＿＿＿项。

6. 贵校在哪些学科教师资源优势明显？＿＿＿＿＿＿＿＿＿＿＿＿＿＿＿＿＿＿＿＿＿＿＿＿＿＿＿＿＿

7. 贵校在哪些学科教师资源有待加强？＿＿＿＿＿＿＿＿＿＿＿＿＿＿＿＿＿＿＿＿＿＿＿＿＿＿＿＿＿

### C 校内实训资源情况

1. 贵校校内实训基地情况：实训基地有＿＿＿＿＿个，分别是＿＿＿＿＿。

实训（验）室有＿＿＿＿＿个，分别是＿＿＿＿＿＿＿＿＿＿＿＿＿＿＿＿＿＿＿＿＿＿＿＿＿，设备价值、台套＿＿＿＿＿，实训资源的利用情况＿＿＿＿＿＿＿＿＿＿＿＿＿＿＿＿＿＿＿＿＿。

校内实训（验）室向社会或其他学校开放情况＿＿＿＿＿＿＿＿＿＿＿＿＿＿。

2. 贵校哪些校内实训资源可以对外共享？＿＿＿＿＿＿＿＿＿＿＿＿＿＿＿＿＿＿＿＿＿＿＿＿＿

3. 贵校哪些校内实训条件须要建设或改善？＿＿＿＿＿＿＿＿＿＿＿＿＿＿＿＿＿＿＿＿＿＿＿＿＿

4. 贵校须要共享哪些校内实训资源？＿＿＿＿＿＿＿＿＿＿

### D　校外实训基地建设情况

1. 贵校校外实训基地有＿＿＿＿＿＿个，本市＿＿＿＿＿＿个，本省其他城市＿＿＿＿＿＿个，长三角、珠三角＿＿＿＿＿＿个，其他＿＿＿＿＿＿个。

2. 贵校校外实训基地利用情况如何？

＿＿＿＿＿＿＿＿＿＿＿＿＿＿＿＿＿＿＿＿＿＿＿＿＿＿＿＿＿＿＿＿

3. 贵校哪些实训基地可以对外共享？＿＿＿＿＿＿＿＿＿＿＿＿＿＿＿＿

＿＿＿＿＿＿＿＿＿＿＿＿＿＿＿＿＿＿＿＿＿＿＿＿＿＿＿＿＿＿＿＿

4. 贵校哪些校外实训基地须要建设或改善？＿＿＿＿＿＿＿＿＿＿＿＿＿

＿＿＿＿＿＿＿＿＿＿＿＿＿＿＿＿＿＿＿＿＿＿＿＿＿＿＿＿＿＿＿＿

5. 贵校须要共享哪些校外实训基地资源？＿＿＿＿＿＿＿＿＿＿＿＿＿＿

＿＿＿＿＿＿＿＿＿＿＿＿＿＿＿＿＿＿＿＿＿＿＿＿＿＿＿＿＿＿＿＿

### E　贵校在资源跨校整合优化工作中有过哪些探索和实践？成效如何？对于皖江城市带教学资源整合优化，您有什么建议吗？请填写。

＿＿＿＿＿＿＿＿＿＿＿＿＿＿＿＿＿＿＿＿＿＿＿＿＿＿＿＿＿＿＿＿

**图书在版编目(CIP)数据**

皖江城市带高职院校教学资源跨校整合优化研究/孙晓峰,王似保著.
—合肥:合肥工业大学出版社,2017.6

ISBN 978 - 7 - 5650 - 3443 - 5

Ⅰ.①皖… Ⅱ.①孙…②王… Ⅲ.①高等职业教育—教育资源—研究—安徽 Ⅳ.①G718.5

中国版本图书馆 CIP 数据核字(2017)第 139439 号

## 皖江城市带高职院校教学资源跨校整合优化研究

| 孙晓峰 王似保 著 | | 责任编辑 王钱超 |
| --- | --- | --- |
| 出 版 | 合肥工业大学出版社 | 版 次 | 2017 年 6 月第 1 版 |
| 地 址 | 合肥市屯溪路 193 号 | 印 次 | 2017 年 6 月第 1 次印刷 |
| 邮 编 | 230009 | 开 本 | 710 毫米×1000 毫米 1/16 |
| 电 话 | 人文编辑部:0551 - 62903205 | 印 张 | 8.25 |
| | 市场营销部:0551 - 62903198 | 字 数 | 86 千字 |
| 网 址 | www.hfutpress.com.cn | 印 刷 | 合肥现代印务有限公司 |
| E-mail | hfutpress@163.com | 发 行 | 全国新华书店 |

ISBN 978 - 7 - 5650 - 3443 - 5        定价: 28.00 元

如果有影响阅读的印装质量问题,请与出版社市场营销部联系调换。